**Kinderproblemen
beter begrijpen**

Bij Omega Boek verschenen eveneens:

Dr. Norman Vincent Peale
De kracht van positief denken
Een inspirerende gids om de dagelijkse problemen te overwinnen.

Dale Carnegie
Leef gelukkig zonder zorgen
*Dit boek zal u leven een positieve wending geven.
Al 14 jaar op de internationale bestsellerlijsten.*

Donald R. Harvey
Ik hou van je, praat met me
In plaats van teleurstellingen, spanning en ruzies meer liefde, respect, vertrouwen en begrip

Vera Peiffer
Handboek voor het overwinnen van fobieën en angsten
Doorbreek uw angstbarrières en leef een gelukkiger en vrijer leven.

Kurt Tepperwein
Loslaten wat niet gelukkig maakt
De weg naar innerlijke vrede en groei.

Gerlinde Ortner
Blij zijn met jezelf
Afscheid van bescheidenheid, leve het gezonde egoïsme.

Lili Feldmann
Leven met Alzheimer
Gids voor familieleden, vrienden en verzorgers.

Pieter van Akkerveeken en Netty Versloot
De Rugdokter
Biedt mensen met rugklachten een toekomst.

Ursel Mielke

Kinderproblemen beter begrijpen

Omega Boek, Diemen/Amsterdam

Over de auteur

Prof. dr. Ursel Mielke, neurologe, psychiater en kinder- en jeugdpsychiater, is medisch hoofd van de polikliniek van het Instituut voor Revalidatiewetenschappen van de Humboldt Universiteit in Berlijn. In interdisciplinaire samenwerking met psychologen en revalidatiepedagogen begeleidt ze sinds vele jaren gehandicapte en gedragsgestoorde kinderen, jongeren en volwassenen.

Mielke, Ursel

Oorspronkelijke titel:
Schwierige Kinder besser verstehen
Uitgave:
Midena Verlag, CH-5024 Küttingen/Aarau
© 1996 Weltbild Verlag GmbH, Augsburg

Vertaling:
Drs. H. Keizer
Omslagontwerp:
Richard Draaijer

All rights reserved.
Niets uit deze uitgave mag worden verveelvoudigd en/of openbaar gemaakt door middel van druk, fotokopie, microfilm of op welke andere wijze ook zonder voorafgaande schriftelijke toestemming van de uitgever.

ISBN 90 6057 5970   NUGI 711

© Copyright voor deze uitgave:
Omega Media Publishers B.V., Diemen / Amsterdam

Vertegenwoordiging voor België:
Uitgeverij Contact N.V., Edegem/Antwerpen

Inhoud

Inleiding	7
De wisselwerking tussen mens en omgeving	7
Lichaam + ziel = mens	11
Wat is stress?	15
– Welke omstandigheden leiden tot de genoemde reacties?	17
Wat is constitutie?	22
– Waar komt onze constitutie eigenlijk vandaan?	23
– Waardoor kan de constitutie van het zich ontwikelende kind worden beïnvloed?	23
– Wat kunnen de ouders doen?	26
Temperament, karakter en persoonlijkheid	26
De taken van het vegetatieve zenuwstelsel	32
– Het willekeurige zenuwstelsel	32
– Het vegetatieve zenuwstelsel	33
Het kind in zijn omgeving	41
Gezin	41
Peuteropvang en eerste jaar basisschool	52
Basisschool	58
Leeftijdgenoten	69
Invloed van de media	75
Problemen die iedereen waarneemt	86
Het overactieve kind	86
Behandeling van het hyperkinetische syndroom	91
Medewerking van de ouders	92
– Gedragstherapie	99

– Medicinale therapie	102
– Voeding	103
Het agressieve kind	105
– Hoe gedragen agressieve kinderen zich?	109
– Behandeling van agressieve kinderen	111
Nagelbijten	114
Schommelen	119
De tic	122
– Hoe kan een tic zich uiten?	123
– Behandeling van een tic	126
Het kind met grote geldingsdrang	129
– Wat kunnen ouders doen als hun kind al te veel geldingsdrang heeft?	133
De stille problemen	**135**
Hoofdpijn	135
– Oorzaken	137
– Het klachtenbeeld	139
– Vormen van migraine	140
– Hoe ontstaat hoofdpijn?	141
– Behandeling van hoofdpijn	145
Slaapstoornissen	151
– Praten in de slaap	159
– Nachtelijke angst (pavor nocturnus)	160
– Slaapwandelen	161
Bedplassen	163
– Behandeling	168
Duimzuigen	170
– Het overdreven gewetensvolle kind	172
Het verlegen kind	177
Het kind als lid van de samenleving	185

Inleiding

De wisselwerking tussen mens en omgeving

Vaak hebben mensen aan mij gevraagd: 'Kan mijn dochter mijn hoofdpijn van mij hebben geërfd? Komt het stotteren van de vader, die ons kind helemaal niet kent?' Of de grootmoeder zegt over de kleine Stefan: 'Hij is net zo druk en ongeconcentreerd als zijn vader toen die nog een kind was.' Of de vader van een jongen van tien die nog vaak in zijn bed plast, herinnert zich als kind ook af en toe in bed te hebben geplast. Op een dag is het opgehouden. Daarom was hij het vergeten. Kun je zulke stoornissen erven? Kun je ook eigenschappen als zenuwzwakte, intelligentie, beweeglijkheid of een zonnig humeur erven? Bij lichamelijke kenmerken als haarkleur of lichaamslengte weet iedereen dat de overeenkomsten tussen ouders en kinderen niet op toeval berusten. Je kunt natuurlijk ook psychische aanleg erven. Dat is bewezen. Het is echter alleen de aanleg die geërfd wordt. Al in het moederlichaam wordt die aanleg door omgevingsinvloeden veranderd. Deze invloeden kunnen hem tot volle ontplooiing brengen, veranderen en ongebruikt laten.

Bij een kant-en-klaar product, bijvoorbeeld een kind met gedragsstoornissen of gering prestatievermogen, is het erg moeilijk, ja eigenlijk onmogelijk, het aandeel van de omgeving en de erfelijkheid te scheiden, want in de loop van de ontwikkeling van een kind zijn er voortdurend **wisselwerkingen tussen beide componenten** geweest.

We weten wat voor belangrijke rol een harmonisch en stabiel **gezin** met vaste contactpersonen in de ontwikkeling van het kind speelt. Daarin voelt de zuigeling zich geborgen. Dit 'oervertrouwen', dat in het eerste levensjaar ontstaat, is bepalend voor de ontwikkeling van een zelfbewuste, zelfstandige persoonlijkheid. Liefde en toewijding zijn niet voldoende voor de ontplooiing van alle mogelijkheden die onze hersenen in zich bergen.

Bij veel kinderen wordt het ouderlijk huis al vroeg door **het kinderdagverblijf en de basisschool** vervangen. Een vroege plaatsing in een kinderdagverblijf is met name gunstig voor kinderen uit een weinig stimulerende omgeving of uit een problematisch (asociaal) gezin, waarin het samenleven zich niet volgens algemene normen afspeelt en de kinderen verwaarloosd of zelfs mishandeld worden.

De vormende invloed van de omgeving op de ontwikkeling van het kind met zijn aanleg kan dus in elke relatie stimulerend of remmend zijn. Het tijdstip is daarbij ook van belang. Wetenschappelijke onderzoeken hebben aangetoond dat er voor leerprocessen bepaalde gunstige, zogeheten **sensibele ontwikkelingsfasen** zijn.

In de zuigelingenperiode is de liefdevolle toewijding van de moeder of een andere vaste contactpersoon bij uitstek bepalend. Het kind moet zich volkomen zeker en geborgen voelen. Op die basis kan het later zijn eigen wensen staande houden tegenover de eisen die anderen aan hem stellen, en zich handhaven. Als dat oervertrouwen niet tot stand kan komen, is het moeilijk het in een latere periode in te halen. Vaak blijven zulke mensen hun leven lang onzeker en zonder zelfvertrouwen. Ze klampen zich vast aan ieder die bij hen in de buurt komt, leggen beslag op hem en kunnen moeilijk een afweging maken tussen contact maken en afstand houden. Ze zijn vaak minder goed in staat zich aan iemand te binden; ondanks vele contacten blijven veel dingen bij hen aan de oppervlakte.

Sensibele fasen zijn er echter niet alleen voor de psychische ontwikkeling, maar ook voor de ontplooiing van geestesgaven. Als ouders bijvoorbeeld niet opmerken dat hun kind een zwak gezichtsvermogen heeft of als dat pas laat wordt gecorrigeerd, ontwikkelt het kind bepaalde visuele vaardigheden niet meer. De gezichtsschors in de hersenen heeft maanden of zelfs jaren lang slechts weinig of in het geheel geen informatie kunnen ontvangen en is daardoor sterk onderontwikkeld. Zo is het ook met andere dingen: als het kind niet de gelegenheid krijgt zijn behendigheid, zijn spraakvermogen en dergelijke te oefenen, gaan deze vaardigheden achteruit. De volkswijsheid 'Jong geleerd, oud gedaan' is dus volkomen juist. Als het kind een jaar of zes is, is het in staat zich enige tijd achtereen geconcentreerd met één ding bezig te houden. Het is 'schoolrijp'. In de **schoolperiode** brengt het kind een groot deel van de dag ver van het eigenlijke leven door. Het leert samen met anderen hoe het systematisch met zijn geest kan werken en zelfstandig taken kan uitvoeren. Zo leert het kind in de loop van de tijd steeds meer de wereld in haar veelvoudigheid te categoriseren en uit de overvloed aan informatie het essentiële te filteren.

In deze periode sluiten de kinderen zich ook met **leeftijdgenoten** aaneen tot groepen om samen te spelen en interessen te delen, groepen die naast het gezin een heel belangrijke rol in de persoonlijkheidsontwikkeling spelen. Het kind staat dus in een voortdurende uitwisseling met zijn omgeving, waarvan de belangrijkste factor het gezin is, maar waarbij steeds meer invloeden van buitenaf komen. Zo ontwikkelt het kind zich tot een unieke en zelfstandige persoonlijkheid.

Lichaam + ziel = mens

In de huidige geneeskunde spreken we niet van lichaam en ziel, maar van **psyche** (geest, ziel, gemoed) en **soma** (lichaam). Zo ook zijn er psychische en somatische stoornissen of ziekten. Heel vaak hebben ze een nauwe relatie met elkaar.
Zelfs zulke hoogst eigen lichamelijke aangelegenheden als groei, hartslag of spijsvertering, die volgens de natuur met organen verbonden zijn, worden psychisch beïnvloed; ziekelijke stoornissen van deze orgaanfuncties kunnen zelfs alleen psychische oorzaken hebben.
Bij opwinding of bij vreugdevolle verwachting slaat het hart sneller, bij irritatie krijgen veel mensen maagpijn, bij grote inspanning stijgt de bloeddruk, verwaarloosde kinderen groeien langzamer, enzovoort.
De organen, die in principe zonder onze willekeurige invloed functioneren, worden gestuurd door het vegetatieve zenuwstelsel, dat weer een nauwe verbinding met alle andere hersencentra heeft. Daarop komen we later nog terug.
Stoornissen van de orgaanfunctie kunnen dus rechtstreeks in het orgaan ontstaan, bijvoorbeeld door een ontstekingsproces. Ze kunnen echter ook door een verkeerde aansturing van het vegetatieve zenuwstelsel (bij een verstoring van het biologische ritme, bij zware stress) of door psychische reacties (door angst of spanning) veroorzaakt worden.
Maar welk orgaan uit zijn evenwicht raakt, hangt af van de aangeboren of verworven kwaliteit van het afzonderlijke orgaan. De een heeft net als zijn vader een 'zwakke maag', de ander heeft net als zijn broer en zijn moeder een 'slechte bloedsomloop' of een 'zwakke blaas'.
Een mens erft echter alleen de aanleg (dispositie) voor be-

paalde stoornissen of ziekten. Of een dergelijke aanleg ook echt tot stoornissen leidt, hangt van twee dingen af: de omvang van de dispositie en de uiterlijke omstandigheden, dus de omgeving. Een dergelijke bijzondere aanleg van een orgaansysteem noemen we een plek van verminderde weerstand of een sterk reagerende plek – wat op hetzelfde neerkomt. Veel mensen hebben een dergelijke zwakke plek; sommigen hebben er meerdere tegelijk. Als het orgaansysteem in zijn geheel weinig stabiel is, kunnen ook bij weinig belastende uiterlijke omstandigheden stoornissen optreden (bijvoorbeeld migraine). Bij geringere aanleg zouden er onder gelijke omstandigheden waarschijnlijk geen klachten ontstaan.

Aan de andere kant kunnen ook bij een geringere aanleg vaak stoornissen optreden, als de uiterlijke omstandigheden bijzonder belastend zijn. Zo kan een kind dat aanleg heeft voor de tic om met de ogen te knipperen, jaren lang lijden onder de situatie dat het vanwege de permanente ruzies van zijn ouders geen rustige plek heeft en er niemand is die eens naar hem luistert.

Zoals de orgaanfuncties door de psyche kunnen worden beïnvloed, gebeurt ook het omgekeerde: lichamelijke stoornissen en ziekten hebben invloed op de algehele toestand en daarmee ook op de stemming, de activiteit, de oplettendheid enzovoort.

> **Voorbeeld** Paul, een intelligente jongen van elf, zit sinds anderhalf jaar twee keer per week een paar uur lang in het ziekenhuis aan een kunstnier. De jongen, die voor die tijd volkomen gezond was, had na een acute dubbele nierbekkenontsteking schrompelnieren gekregen, die het bloed van de jongen niet meer konden zuiveren. Als zijn bloed niet regelmatig door een apparaat werd gespoeld (dialyse), zou Paul sterven.
> Zijn leven is sindsdien volledig veranderd. Alles is een probleem geworden: spelen met vrienden, school, vakantie. Los van deze organisatorische complicaties veroorzaakt de ziekte ook andere kwalen. Kort voor de dialyse is de concentratie van stoffen in het bloed die door de

urine worden uitgescheiden, tamelijk hoog. Ze werken dan als vergif. De gevolgen zijn hoofdpijn, moeheid en misselijkheid. Het grootste probleem voor Paul is echter de vraag: hoe gaat dit verder, wanneer krijg ik een niertransplantatie? De gedachte dat zijn toekomstige nier nog in een gezond mens werkzaam is en dat diens dood hem een nieuw leven kan geven, houdt hem zeer bezig. Paul heeft crises doorgemaakt. Hij heeft onder angsten en slaapstoornissen geleden en kon niet meer alleen thuisblijven.

Ik werd geconsulteerd nadat hij een grote hoeveelheid kalmeringstabletten had ingenomen. Hij vertelde me daarna dat hij zo niet meer wilde leven. De tabletten, die hij telkens bij een dialyse kreeg, had hij opgespaard en stiekem op de afdeling van het ziekenhuis ingenomen. Na een intensieve gesprekstherapie kon hij van zijn kwellende twijfels worden verlost en kreeg hij weer hoop. Intussen heeft Paul een nieuwe nier en leeft hij weer als een gezond kind. Hij is nog wel bij mij onder behandeling, want af en toe komen er angsten naar boven en hij wilde de gesprekken en de ontspanningsoefeningen voortzetten.

Uit het voorbeeld blijkt hoe ernstige lichamelijke ziekten een kind psychisch kunnen veranderen. Of het lukt een kind weer van zijn bedrukte stemmingen, angsten en nerveuze aandoeningen te bevrijden, hangt natuurlijk ook van het verloop van de lichamelijke ziekte af. In het zojuist beschreven geval was de lichamelijke aandoening met succes te behandelen (waarbij hier geen sprake van genezing kon zijn; er moet rekening mee gehouden worden dat elders nieuwe problemen kunnen ontstaan).
Lichamelijke ziekten zijn niet altijd te genezen. Vaak moeten beperkingen geaccepteerd worden. De betrokkene blijft misschien gehandicapt. In zulke gevallen moet de omgeving zeer veel inlevingsvermogen opbrengen. Het kind moet het gevoel krijgen dat het volledig meetelt, opdat het zich instelt op wat het nog kan en het beste uit zichzelf kan halen.

Voorbeeld Frank kreeg een ernstig ongeluk toen hij acht was. Hij was van vier meter hoogte uit een boom gevallen en met de linkerkant van zijn hoofd op een stenen rand terechtgekomen. Hij was een paar dagen bewusteloos gebleven en daarna bleek pas dat zijn rechterarm en zijn gelaatsspieren verlamd waren. Ook met praten had Frank problemen. De hersenkneuzing had geleid tot een beschadiging van hersenweefsel in gebieden waar bepaalde bewegingen werden aangestuurd (motorische hersenschors). Bovendien was een naast liggend hersengebied getroffen, dat als spraakcentrum verantwoordelijk is voor de begripsvorming. Bij een beschadiging van dit centrum kan de betrokkene niet of nog slechts gebrekkig spreken en schrijven, maar hij verstaat anderen wel en is zich bewust van zijn eigen gebrek.
Slechts heel langzaam leerde Frank weer bijna net zo goed als vroeger praten. De gelaatsspieren links en rechts konden ook weer bijna gelijk worden bewogen. De rechterarm bleef echter zo zwak dat Frank moest leren alles met zijn linkerhand te doen. Schrijven gaf heel aparte problemen. Lange tijd klaagde Frank ook over hoofdpijn en werd hij sneller moe dan vroeger. Toen hij na een paar maanden weer naar school kon, was hij zenuwachtig, snel moe en onevenwichtig. 's Nachts werd Frank vaak badend in het zweet wakker en bleek hij angstdromen te hebben gehad. Hij was begonnen met nagelbijten.

Ongeveer een half jaar na het ongeluk kwam Frank bij mij in behandeling. Nu, twee jaar later, zie ik hem nog geregeld met grotere tussenperioden. Het was in het begin heel moeilijk voor hem de vele behandelingen te accepteren: ze gingen van zijn speeltijd af. Hij moest zijn spraakvermogen weer ontwikkelen met een spraakleraar (logopedist), hij moest oefeningen met zijn rechterarm en zijn gelaatsspieren doen. Omdat hij per se in zijn klas wilde blijven, moest hij achterstand in de leerstof inhalen. Leren schrijven met zijn linkerhand kostte hem erg veel moeite. Hij was lange tijd ontevreden met zijn handschrift, huilde bij het oefenen, maakte een droevige indruk en zei soms: 'Nu ben ik invalide.'

Dankzij de zeer liefdevolle en consequente inspanningen van zijn moeder, dankzij de begripvolle lerares en zijn eigen wilskracht maakte Frank goede vorderingen, met name op het gebied van de spraak. Tijdens vele gesprekken en groepsspeltherapie leerde hij zijn nieuwe grenzen te accepteren. Nu is Frank weer een vrolijk kind met een stabiel zelfbewustzijn. Hij is wel sneller geïrriteerd en sneller moe dan vroeger en is gauw afgeleid.

> De relaties tussen de lichamelijke en de psychische toestand zijn een belangrijke factor waarop ouders en leraren bij de opvoeding moeten ingaan als ze een kind effectief willen helpen.

Wat is stress?

'Stress' is in de afgelopen jaren een modewoord geworden. Een dochter die kritiek krijgt, zegt: 'Doe toch niet zo gestresst! Er is al stress genoeg!' Of ze geeft een vriendin het goedbedoelde advies: 'Laat je niet zo stressen!'
Nieuw is het woord echter niet. In het Engels werd het al in de zeventiende eeuw gebruikt in de betekenis van moeite of inspanning. In de achttiende eeuw betekende stress het gewicht of de druk die op iemand werd uitgeoefend. Later verstond men onder stress een toestand van innerlijke spanning die door uiterlijke omstandigheden wordt opgeroepen.
Eigenlijk is stress een levensvoorwaarde, die sinds de oertijd van de mensheid onlosmakelijk met het leven verbonden is. Bij gevaar worden alle energiereserves gemobiliseerd om het lichaam in staat te stellen binnen een fractie van een seconde te vluchten of zich te verdedigen. Dan verlopen er wetmatige

processen die onafhankelijk zijn van het soort prikkel. Ze worden gestuurd door centra in de tussenhersenen, de hypothalamus en het hersenaanhangsel (hypofyse). Er zijn echter ook allerlei verbindingen naar andere delen van de hersenen, die bijvoorbeeld verantwoordelijk zijn voor de activering van de hersenen en voor de emoties.

Bij stress reageert het vegetatieve zenuwstelsel (zie ook pag. 32), doordat het de activiteit van het sympathische aandeel verhoogt en daarmee energie mobiliseert. Het hart verhoogt de pompcapaciteit, zodat organen van levensbelang als de hersenen en de spieren beter doorbloed kunnen worden. De bloeddruk stijgt; daarvoor wordt bloed aan de spijsverteringsorganen onttrokken. De bijnier scheidt activerende hormonen (adrenaline) af en nog vele andere stoffen.

De Oostenrijks-Hongaarse arts Hans Selye (1907-1982) heeft de lichamelijke processen beschreven. Hij beschrijft ze als een aanpassingssyndroom dat uit drie delen bestaat.

Op het zojuist beschreven **alarmstadium** volgt het **afweer- of weerstandsstadium**. Dan past het organisme zich aan nieuwe omstandigheden aan. Hoe lang dat mogelijk is, hangt af van de soort en de intensiteit van de prikkel. Het wordt echter ook beïnvloed door de stabiliteit van het stuurmechanisme en door de energiereserves, die weer afhankelijk zijn van zowel lichamelijke als psychische factoren, bijvoorbeeld de mate waarin iets als bedreigend wordt ervaren. Daarop kan een **uitputtingsstadium** volgen.

Hoe lang een mens nodig heeft om weer te herstellen – en of dat eigenlijk wel lukt – hangt er in wezen van af of de stresserende gebeurtenis nog werkzaam is. Bij korte prikkels kan het organisme zich na een alarmreactie telkens weer herstellen. Maar als stressfactoren zich opstapelen of lang achtereen actief zijn, is die mogelijkheid er niet. De sympathisch bepaalde stofwisselingstoestand en de psychische activiteitstoestand blijven overheersen en leiden tot een chronische toestand van uitputting. Kenmerkend voor zulke toestanden is dat iemand steeds zenuwachtiger wordt. Hij is snel geïrriteerd en labiel en reageert overdreven, hij 'maakt zich druk om niets'. Dagelijkse frustraties als een vermaning van een leraar, plagerijen

van een klasgenoot, verliezen bij een spelletje verdraagt hij slecht. Hij begint over alles een discussie, krijst of huilt bij de geringste aanleiding. Bovendien neemt zijn geestelijke prestatievermogen af omdat hij zich niet meer goed kan concentreren. Hij wordt onrustig, is snel afgeleid en heeft ook geen doorzettingsvermogen meer. Hoewel hij constant moe is, slaapt hij slecht en wordt dus niet verkwikt wakker. Dat is een gevolg van het feit dat het sympathische zenuwstelsel de overhand heeft en de betrokkene zich niet meer kan ontspannen, zich niet meer 'kan laten gaan'.
Als iemand zich in zo'n uitputtingstoestand bevindt, wordt het ook moeilijker met hem samen te leven. Wisselende stemmingen, mislukkingen, geïrriteerdheid, afnemend zelfbewustzijn, het gevoel niet meer op zijn lichaam te kunnen vertrouwen maken een harmonisch samenleven moeilijker. Na enige tijd kunnen bij de zogeheten psychische kwalen ook lichamelijke komen. Tot de kwalen die kunnen optreden, behoren onder andere stoornissen in de bloedsomloop en daarmee samenhangende duizeligheid, maag- en darmkwalen, gebrek aan eetlust, gewichtsverlies en hormoonstoornissen. Zelfs de weerstand van het lichaam neemt af; de betrokkene wordt vaker ziek.

Welke omstandigheden leiden tot de genoemde reacties?
Dat kunnen zintuiglijke prikkels zijn zoals lawaai, hitte, pijn. Het kan ook een prikkeling van het evenwichtsorgaan in een vliegtuig of een draaimolen zijn, maar ook een tekort aan prikkels zoals absolute stilte, volledige duisternis, afwezigheid van emotionele en geestelijke stimuli, te weinig beweging. Daaruit blijkt dat de hersenen zowel bij een overdaad als bij een tekort aan informatie niet optimaal kunnen functioneren. Die toestand noemen we **distress**, terwijl we het aanbod van prikkels in normale toestand aanduiden als **eustress**.
Tegenwoordig legt men vaker een verband tussen stress en psychische resp. sociale omstandigheden. Iedereen denkt bij het begrip 'stress' meteen aan prestatiedruk, conflicten, ruzies. Daarbij is het van groot belang hoe iemand datgene wat als

stressfactor werkt, beoordeelt. Zeer bange mensen kunnen zich bedreigd voelen door een situatie die anderen 'volledig koud laat'. Een kind dat net hersteld is van bronchitis en koorts, ervaart de objectief gelijk gebleven omstandigheden op school, zoals lawaai, opletten, stilzitten enzovoort, als meer belastend dan anders. Maar niet alleen de stresssituaties worden individueel heel verschillend ervaren, ook de verwerking van prikkels die we uit de omgeving opnemen, vindt op heel verschillende manieren plaats. Dat wil zeggen dat dezelfde prikkels bij een aantal mensen totaal andere effecten kunnen hebben.

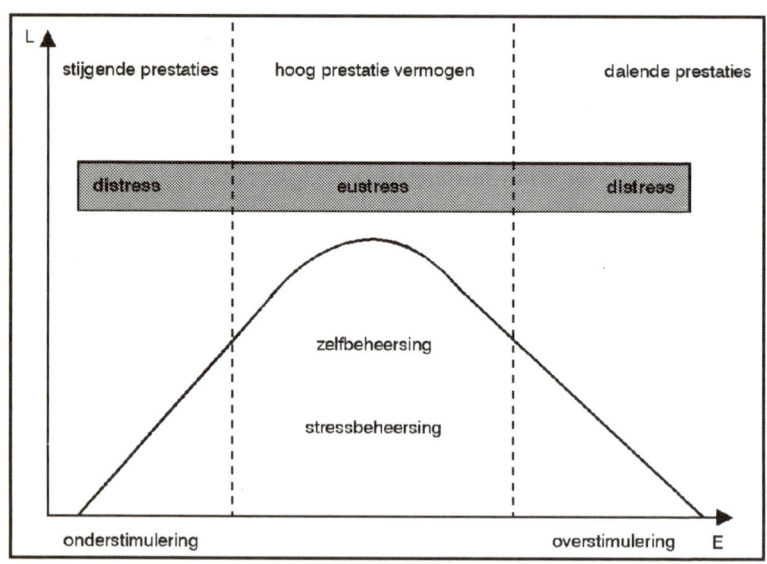

Het prestatievermogen hangt in wezen van de stressbelasting af.

Vaak vermijdt een mens uit zelfbescherming situaties die hem onder stress brengen, zoals extreme temperaturen, zonnestralen, lawaai of conflicten. Er zijn echter ook prikkels die onder bepaalde omstandigheden niet als storend, maar als stimulerend worden ervaren. Toch kunnen ze een schadelijke uitwerking hebben, zoals intensieve blootstelling aan licht of lawaai. Bij lawaai zorgt het lichaam zelf voor een reactie. Jongeren die zich permanent blootstellen aan een hoog geluidsvolume, worden slechthorend omdat zenuwcellen worden vernietigd. Bijzonder gevaarlijk is de invloed van de 'walkman' die te hard staat.

Een langdurige stresssituatie wordt ook veroorzaakt door eenzijdige prikkels, die uitsluitend op één zintuiglijk gebied gericht zijn. Het flakkerende beeldscherm van een computer of een televisie bombardeert vaak vele uren per dag de optische hersenschors. Onderzoek heeft uitgewezen dat het aantal kinderen dat een bril moet dragen, voortdurend toeneemt. Maar ook algehele nervositeit, slaap- en concentratiestoornissen zijn het gevolg van een overdaad aan computer- of televisiegenot.

Situaties van chronische overbelasting kunnen een objectieve oorzaak hebben. Een leerling die moeite heeft met leren, ondergaat dagelijks de frustratie dat hij mislukkingen oogst, ook als hij ijverig heeft geleerd. Een ander kind mag nooit met leeftijdgenoten spelen omdat het van zijn moeder, die zelf overbelast en labiel is, elke middag op zijn kleine, altijd ziekelijke en onrustige zusje moet passen.

Chronische stresssituaties kunnen bij kinderen en jongeren echter ook al ontstaan als ze iets moeten nastreven waartoe ze eigenlijk niet in staat zijn. Na de val van de Berlijnse Muur in 1990 was er in Oost-Duitsland een grote behoefte om de achterstand op onderwijsgebied in te halen. Ik had verscheidene jongeren in mijn praktijk die per se een middelbareschooldiploma wilden halen (meestal wilden ook de ouders dat), maar hun prestaties waren vaak middelmatig, zoal niet onder de maat. Doordat ze te hoge eisen aan zichzelf stelden, traden er nerveuze aandoeningen op waarvan de oorzaak niet door oningewijden onderkend werd.

Bij het prestatievermogen speelt het logisch denkvermogen natuurlijk een belangrijke rol, maar dat kan alleen samen met doorzettingsvermogen, belastbaarheid en concentratievermogen optimaal functioneren.

Maar ook de innerlijke bereidheid (motivatie) om een bepaald doel te bereiken, een flinke dosis zelfdiscipline en de fysieke constitutie zijn belangrijke voorwaarden.

Voorbeeld Toen Peter zestien was, kwam hij wegens migraine bij mij in behandeling. Hij had in zijn jeugd af en toe last van een gebrekkige bloedsomloop en problemen met inslapen. Af en toe had hij moeite om te blijven opletten en was hij snel afgeleid, maar na enkele behandelingen wist hij dat op te lossen – nadat hij ook autogene training had geleerd. Hij leverde altijd gemiddelde prestaties en een intelligentietest, die op verzoek van zijn ouders werd afgenomen, wees uit dat hij een IQ van 105 had en dus een gemiddelde intelligentie had. Hij was zorgvuldig en consciëntieus en vond een ritme tussen ingespannen leren, ontspanning en lichamelijke activiteiten. Hij was al jaren lid van een jongerendansgroep en had een hond, waar hij erg dol op was. Zijn ouders (vader was ingenieur bij een groot bedrijf, sociaal, vrolijk, zijn moeder was muzieklerares en leidde een heel bewust leven in verband met haar eigen migraine; hun huwelijk was harmonisch) steunden Peter in zijn wens het eindexamen aan de middelbare school te doen en eventueel te gaan studeren. Hij was zelf ook zeer gemotiveerd om dat doel te bereiken. Hij slaagde voor het examen en begon aan een opleiding tot bankemployé.

Voorbeeld Een ander geval verliep minder succesvol: Stefan was al sinds zijn kinderjaren bij mij onder behandeling. In de eerste schooljaren leed hij aan nagelbijten, was zeer snel afgeleid en onrustig en begon onder nachtelijke angsten te lijden. Zijn ouders scheidden toen Stefan tien jaar was. Zijn moeder kreeg een nieuwe, evenwichtige partner en dat had een gunstig effect op zijn ontwikkeling. De aanvankelijke symptomen waren tot een acceptabele omvang afgenomen. De nieuwe vader, met wie Stefan goed overweg kon, raadde hem aan het middelbareschooldiploma te halen. Stefan wilde zijn ouders niet teleurstellen en zelfs in deze periode het examen afleggen. Maar hij kreeg in de vijfde klas slaapstoornissen met angstaanvallen en faalde vaak bij huiswerkcontroles

('Ik had het geleerd, maar opeens was alles weg.'). Hij kon zich niet meer op de leerstof concentreren. In het begin probeerde hij zijn achterstand weg te werken met extra inspanning en met ondersteuning van zijn moeder. Het feit dat hij geregeld faalde, knaagde aan zijn zelfbewustzijn. Hij begon te betwijfelen of hij het examen wel zou halen. Een tijd lang had hij 's ochtends last van zware angstaanvallen waarbij hij moest braken, en van maagpijn. Ten slotte besloot hij, in goed overleg met zijn ouders en op advies van de klassenleraar, aan het einde van de vijfde klas van school te gaan. Na ambulante psychotherapie heeft Stefan een opleiding tot onderwijzer opgepakt en hij voelt zich prima in zijn nieuwe omgeving.

Vroeger gold de mening (tegenwoordig zullen zulke visies ook nog wel bestaan) dat de talenten van een kind ook zonder bemoeienis van buiten af tot ontwikkeling komen, dat ze zich op die manier misschien wel duidelijker en zuiverder ontplooien. Uit een kroniek van keizer Frederik II van Hohenstaufen (1215-1250) blijkt dat hij zuigelingen door pleegmoeders liet grootbrengen, die zich uitsluitend met hun lichamelijk welzijn bezighielden. Ze spraken niet met de baby's en gaven hun ook geen ander soort aandacht of prikkels. Hij wilde daarmee ontdekken wat de oertaal was. Deze kinderen leerden echter niet praten en ze ontwikkelden zich ook lichamelijk noch geestelijk. Naar verluidt stierven ze allemaal.

> Soortgelijke proeven zijn in deze tijd gedaan met apen en andere zoogdieren, alle met als resultaat dat een gebrek aan prikkels tot aanzienlijke ontwikkelingsstoornissen leidt.

Helaas heb ik zelf zulke kinderen gekend, die door hun ouders zwaar verwaarloosd waren. Om uiteenlopende redenen ervoeren ze de kinderen als ongewenste belasting, zodat ze zich niet op een stimulerende manier met hun kinderen bezighielden. Dan gaan waardevolle mogelijkheden verloren voor de ontwikkeling van het kind, die in de eerste levensfase hoofdzakelijk door nabootsing plaatsvindt. De woordenschat van deze kinderen is klein, de fantasie is niet gestimuleerd, de gevoelsreacties zijn weinig gedifferentieerd. Vaak is ook hun stemming niet kinderlijk, maar ernstig. De kinderen kunnen niets met zichzelf en anderen beginnen. Vaak zijn ze ziekelijk en eten en slapen slecht. Op de lagere school doen ze nog aan bedplassen en hebben ze vaak nerveuze aandoeningen zoals nagelbijten, ze schommelen, reageren onaangepast in een groep leeftijdgenoten, zijn angstig teruggetrokken en vertonen geremd agressief of ongeremd, onvoorspelbaar gedrag.

Omdat ze geen eigen doelen hebben, laten ze zich gemakkelijk meeslepen, zolang ze maar bij iemand of in een groep steun en (schijnbare) geborgenheid vinden. Als hun wordt verzocht zich naar bepaalde normen van een gezin of in een bepaalde sociale omgeving te voegen of doelgericht een opdracht te vervullen, laten ze het afweten. Hun schoolprestaties blijven vaak onder hun geestelijke capaciteiten.

Wat is constitutie?

Onder **constitutie** verstaan we de manier van reageren van een mens, zowel in lichamelijk als in psychisch opzicht. We zeggen van iemand die slechts zelden ziek is, moeilijke perioden goed doorstaat en er vrij snel van herstelt, dat hij een krachtige of stabiele constitutie heeft. Ook als iemand in moeilijke situaties en bij grote prestatiedruk kalm blijft, niet nerveus of hectisch reageert, maar naar praktische oplossingen zoekt, getuigt dat van een stabiele constitutie. Omgekeerd spreken we van een zwakke of labiele constitutie als iemand niet opgewassen is tegen dagelijkse lichamelijke of geestelijke inspanningen.

Als een kind voor het eerst naar school is gegaan, waarop het zich zeer verheugd heeft, reageert het bijvoorbeeld met slaapstoornissen, nagelbijten, geprikkeldheid en onbeheerst gedrag, of juist met bedrukte stemmingen en volledige teruggetrokkenheid, angst en onzekerheid.

Waar komt onze constitutie eigenlijk vandaan?
Constitutie wordt gedefinieerd als de totale geërfde en in de vroege jeugd verworven aanleg. De bekende wetenschapper Eysenck heeft in 1967 een overzicht van vergelijkbare onderzoeken gepubliceerd, volgens welke het aandeel van aangeboren aanleg ongeveer vijfenzeventig procent bedraagt. Het milieu speelt echter een belangrijke vormende rol en oefent invloed uit op de ontwikkeling van onze hersenen en levenslang op ons sociale gedrag.

Waardoor kan de constitutie van het zich ontwikkelende kind worden beïnvloed?
Laten we aannemen dat een vrouw haar gewoonte om elke dag tien tot vijftien sigaretten te roken tijdens de zwangerschap heeft voortgezet. Daardoor worden ook de bloedvaten van de vrucht vernauwd; ze kan niet voldoende gevoed worden en blijft achter in haar groei en ontwikkeling. Het kind is bij de geboorte ver onder het gewicht, heeft kleinere, minder gedifferentieerde hersenen en haalt ook na de geboorte de achterstand in de ontwikkeling vergeleken bij leeftijdgenootjes jaren lang niet in. Het kind heeft minder weerstand tegen ziekten en is minder bestand tegen allerlei vormen van stress. Velen van deze kinderen vallen al in de zuigelingen- en peuterfase op door slaapstoornissen, rusteloosheid en gehuil. Laten we aannemen dat dit kind van zichzelf een stabiele constitutie heeft. Het wordt echter in zijn ontwikkeling belemmerd doordat de hersendifferentiatie wegens gebrek aan zuurstof en voedingsstoffen nadelig is beïnvloed.

Zo ook kan de constitutie van een kind door een zware ziekte in de eerste levensjaren veranderen, bijvoorbeeld door een hersenvliesontsteking of door hersenletsel als gevolg van een ongeluk. Behalve lichamelijke veranderingen kunnen bij een kind ook geringere belastbaarheid en verminderde zelfbeheersing optreden. Het kind 'wordt onhandelbaar', verliest gemakkelijk zijn zelfbeheersing, huilt of gilt als er iets onverwachts gebeurt, of slaat er bij de minste aanleiding op los. Het reageert op een doodnormale schooldag met concentratieproblemen en nervositeit en is snel moe.

Deze omgevingsinvloeden leiden dus via een stoornis in de normale hersenfuncties tot veranderingen in het gedrag. Maar ook **maatschappelijke invloeden** kunnen gedragsveranderingen teweegbrengen. Een helaas welbekend mechanisme is de sociale deprivatie (Lat. *deprivare* = beroven). Daaronder verstaan we een tekort aan moederliefde of de afwezigheid van liefde van een andere vertrouwde contactpersoon, zodat het kind al als zuigeling sterk verwaarloosd wordt. Deze gevoelsmatige verwaarlozing van het kleine kind heeft een grote invloed op zijn gedrag, dat later slechts heel moeizaam weer veranderd kan worden – als dat al lukt.
De constitutie is ook afhankelijk van iemands geslacht. Epidemiologische studies wijzen uit dat meisjes in de zuigelingentijd meer weerstand hebben dan jongens en dat de ontwikkeling van hun lichaam en hun spraakvermogen sneller verloopt. Enkele nerveuze aandoeningen treden bij jongens vaker op, zoals stotteren, bedplassen of overactief zijn. Jongens komen infecties in hun jeugd moeizamer te boven dan meisjes.
Als je de gedragsverschillen tussen oudere kinderen onderzoekt, bijvoorbeeld de grotere agressiviteit bij jongens, de grotere bedeesdheid of gevoeligheid bij meisjes, zijn ze al niet meer zo eenvoudig door biologische verschillen te verklaren. Naarmate kinderen ouder worden, neemt de invloed van socioculturele factoren toe en krijgen de kinderen door ouderlijke verwachtingen maatschappelijk rolgedrag opgedrongen.

De genoemde omstandigheden heebben aangegeven hoe de individuele constitutie van een mens ontstaat. Daarnaast bestaan er bepaalde typen die in een constitutieleer wetenschappelijk onderzocht en volgens bepaalde principes geordend worden. Het onderbrengen van een mens bij een bepaald type was al in de oudheid bekend en is in latere perioden telkens weer opgepakt en gewijzigd.

Voorbeeld De ouders van de vijfjarige Richard vroegen mij om raad. De leden van de respectabele, mij bekende familie zijn al vele generaties actieve, creatieve mensen, die tot op hoge leeftijd energiek en geestelijk fit zijn. Richard had zich tot zijn derde jaar goed ontwikkeld, praatte al vroeg heel goed, had een grote woordenschat en verbaasde zijn familie met zijn snelle verstand en zijn vermogen tot combineren. Bovendien was hij vrolijk, speelde voortdurend met zijn twee jaar oudere zusje en met kinderen in de buurt. Hij was de trots van zijn vader. Op zijn derde had hij na de beet van een teek een hersenontsteking gekregen, waarbij hij in het begin bewusteloos was geweest en daarna langdurig slaperig. Hij herstelde heel langzaam en kan nog steeds weinig doen. Hij wordt snel moe en wordt dan rusteloos en zeurderig. Hij slaapt onrustig en is 's ochtends vaak niet uitgeslapen. In zijn denken is hij omslachtig en blijft hij in details steken. Hij verliest snel zijn belangstelling voor iets, maar kan zich er ook niet van losmaken. Als hij met zachte drang van zijn intussen inhoudsloze bezigheid wordt weggehaald, begint hij te huilen en te gillen. Hij wordt innerlijk snel gespannen en krijgt dan ijskoude, vochtige handen. Hij klaagt vaak over hoofdpijn. Op de peuteropvang zit hij meestal alleen in een hoekje en is dan met iets bezig. Bij gemeenschappelijke spelletjes of activiteiten gedraagt hij zich eigenzinnig. Tegenover zijn zusje en andere leden van het gezin is hij minder hartelijk dan vroeger en hij legt uit eigen beweging nauwelijks contact met anderen. De ouders zijn diep ongelukkig en willen weten wat ze eraan kunnen doen, opdat hij weer wordt zoals voor zijn ziekte.

Richard is door de hersenontsteking veranderd qua aard, belastbaarheid en prestatievermogen. De hersenfuncties zijn door de ziekte beïnvloed. Ook de vegetatieve functies zijn minder stabiel dan vroeger.

Wat kunnen de ouders doen?
Ik moest tegen hen zeggen dat het om de gevolgen van een inmiddels genezen hersenontsteking ging. Ze konden van geluk spreken dat hij na zo'n zware ziekte 'slechts' deze stoornis in de hersenfuncties had en er geen verlammingen of toevallen aan over had gehouden. Een herstel van zijn volle prestatievermogen en psychische stabiliteit – zoals toen hij drie was – is niet meer te verwachten.
Het is belangrijk voor Richards ontwikkeling en ook voor het welzijn van het gezin dat de verwachtingen ten aanzien van de jongen worden aangepast aan zijn mogelijkheden. Het gezin moet zich in het dagelijks leven op hem instellen. Ze mogen niet constant te hoge eisen aan hem stellen, alleen dan kunnen ze zich op de lange duur teleurstellingen besparen. Met de vader, die ontzettend veel van zijn zoon houdt (of hield) en de hoogste verwachtingen koesterde, werd een aantal therapeutische gesprekken gevoerd omdat de vrees bestond dat hij zich innerlijk van Richard zou distantiëren en hem zou afwijzen als een vreemde, als iemand die niet tot de familie behoort.

Aan deze voorbeelden hebben we gezien dat de aanwezige constitutie kan veranderen door uiterlijke invloeden op de hersenfuncties in de vroege kinderjaren. Daaruit kunnen allerlei stoornissen in het prestatievermogen en het gedrag voortvloeien. Als de hersenfuncties niet stabiel zijn, of dat nu aangeboren of verworven is, verhoogt dat het risico van psychische stoornissen omdat er minder reserves voor de opvang van belastingen aanwezig zijn. Maar als het gezin het kind weet te accepteren en te ondersteunen zoals het is, kan het zich zonder verdere stoornissen ontwikkelen.

Temperament, karakter en persoonlijkheid

De boer bij wie we onze vakantie doorbrachten, had drie paarden van ongeveer gelijke leeftijd. Onze dochter wist heel snel een treffend onderscheid te maken: het slome, het opgewekte en het lieve. En ze had gelijk. Het ene paard maakte altijd een wat vermoeide indruk, liet het hoofd hangen en was maar moeilijk tot een snellere gang te bewegen; het tweede was precies het tegendeel: het huppelde, hield het hoofd omhoog en kon gewoon niet wachten om te gaan draven; het derde was uitgesproken ontvankelijk en goedmoedig. De boer klaagde erover dat hij de eerste twee niet samen voor een wagen kon spannen. Ze waren dan moeilijk te sturen omdat ze heel verschillend reageerden, terwijl het derde met elk van beide andere paarden een bruikbaar span vormde. 'Ze hebben nu eenmaal verschillende temperamenten', meende de boer. 'Dat is net als met de kinderen in onze klas, die zijn ook zus of zo', gaf onze dochter te kennen en daarmee had ze een belangrijk inzicht opgedaan.

De manier waarop een mens zich met de wereld om zich heen bezighoudt, zich op nieuwe situaties instelt, problemen aanpakt, of hij in het middelpunt van de belangstelling wil staan of zich terugtrekt en contacten vermijdt, of hij de dingen licht opvat of er eindeloos over piekert, is altijd al beschouwd als een kwestie van temperament en karakter. Dat heeft zijn weerslag gekregen in vele gezegden en uitdrukkingen. Iemand is een 'mopperkont', een 'herrieschopper', 'bokkig', een 'mispunt' of een 'wakker ventje'. Iemand heeft een 'zonnig humeur', is 'een gemakkelijk kind' of juist een 'huilebalk', enzovoort.

Deze etiketten geven de indruk weer die iemand met een bepaald gedrag op zijn omgeving maakt. Dat de één meestal vrolijk, spraakzaam en optimistisch overkomt en de ander daarentegen constant knorrig, kortaf en eerder bedrukt, is gewoonlijk geen kwestie van een bewust gekozen imago, maar heeft een individuele oorzaak.

De aard van het gedrag is al bij kleine kinderen – ook als er geen storende invloeden van buiten zijn – heel uiteenlopend. Zo kunnen we al bij de kleinste kinderen verschillen constateren in de activiteiten, het dagritme, de stemmingen, het vermogen zich aan nieuwe situaties aan te passen of op te letten.

In een studie uit 1980 werd bij schoolkinderen met gedragsstoornissen vastgesteld dat ze al op tweejarige leeftijd op veranderingen in hun omgeving vaker dan andere kinderen reageerden met onregelmatigheden (bijvoorbeeld een verstoord slaap-waakritme). Als ze met nieuwe situaties werden geconfronteerd, trokken ze zich vaak terug of pasten ze zich slechts langzaam aan, wat ze vaak met een enigszins bedroefd gemoed deden.

Het temperament is in wezen een kenmerkende, tamelijk stabiele persoonlijkheidsfactor, die ook met opvoeding en met ervaringen slechts tot op zekere hoogte te beïnvloeden is. Een actief, vrolijk kind zoekt ook in een ongunstige omgeving spelletjes die het leuk vindt. Het komt de scheiding van iemand met wie het een nauwe band heeft, gemakkelijker te boven dan een kind dat eerder ernstig en inactief is en alles zwaar opvat.

Flegmatische, trage kinderen hebben sneller problemen met hun omgeving, als ze bijvoorbeeld taken thuis of op school niet uitvoeren. Daarnaast is de kans op nerveuze aandoeningen weer kleiner dan bij andere kinderen. Maar dat hangt ook weer van vele andere factoren af, bijvoorbeeld van de intelligentie of het temperament van de opvoeders. De ontwikkeling van een kind, dat vaak 'doorschiet' in zijn reactie, is evengoed gecompliceerd.

Of we een bepaald gedrag kunnen toeschrijven aan het individuele karakter of eerder aan ongunstige uiterlijke invloeden of een organisch veroorzaakte stoornis in de hersenfunctie, dan wel of hier – zoals in vele gevallen – meerdere oorzaken een rol spelen, is alleen met een zorgvuldig onderzoek vast te stellen. Een dergelijk onderzoek dient samen met de ouders door een arts of een psycholoog te worden uitgevoerd.

Al in de klassieke oudheid hielden wetenschappers als Hippocrates (460-377 v.Chr.) en Galenus (129-201 na Chr.) zich met de temperamenten bezig. De basistypen die zij hebben beschreven,

☐ sanguïnisch,
☐ flegmatisch,

☐ cholerisch,
☐ melancholisch,

zijn nog steeds een interessante basis voor waarneming en onderzoek. In de oudheid geloofde men dat er relaties bestonden tussen het temperament en de lichaamssappen bloed, gele gal, zwarte gal en slijm. Ook van Theophrastus (371-287 v.Chr.), een leerling van Aristoteles, is een manuscript met dertig verschillende karaktertypen overgeleverd.

In die tijd werden – evenals nu – begrippen als temperament, karakter, karaktereigenschappen, type en persoonlijkheid niet strikt van elkaar gescheiden.

De leer van de vier temperamenten werd in de twintigste eeuw door Eysenck als basis voor een indeling van psychische eigenschappen gebruikt. Pavlov kwam op grond daarvan tot verschillende soorten zenuwstelsels en Kretschmer ontwikkelde zijn leer van de relatie tussen type lichaamsbouw en karakter.

In de Verenigde Staten hebben onderzoekers zich in de afgelopen decennia steeds meer met gedragstypen bij zuigelingen beziggehouden. In een studie kwamen Chess en Thomas tot drie grondpatronen, namelijk 'eenvoudig', 'langzaam ontdooiend' en 'moeilijk'. De zogeheten 'moeilijke' kinderen vertoonden gedragsvormen die zowel de ouders als henzelf het leven moeilijk maakten:

☐ onregelmatige eet- en slaapgewoonten;
☐ neiging tot terugtrekken, vooral tegenover nieuwe situaties en mensen;
☐ trage aanpassing aan veranderingen;
☐ heftige reacties (zoals langdurig huilen als iemand hen benadert).

Intussen houden ook wetenschappers in Europa zich aan dit onderwerp om de ouders van zulke overgevoelige of heftig reagerende kinderen te helpen bij het zoeken naar een 'passende stijl van opvoeden'.
De ouders van een lichtgeraakt kind moeten in geen geval

een 'slappe stijl' hanteren, bijvoorbeeld door het kind zijn zin te geven als het begint te huilen. Dan wordt het steeds onzekerder, geremder en banger. Integendeel: verwachtingen die aan het kind worden gesteld, moeten vanaf het begin duidelijk worden uitgesproken. Het is heel belangrijk dat de ouders zich tegenover het kind standvastig gedragen. Het kind moet hun reacties kunnen voorspellen en ze moeten bepaald gedrag niet afhankelijk van hun eigen humeur de ene keer zwaar bestraffen en de andere keer 'door de vingers zien'.

Als aan ouders duidelijk wordt gemaakt dat hun kind op een bepaalde manier reageert omdat het op grond van zijn **temperament** niet anders kan (of hooguit met zeer veel inspanning), zal dat helpen de spanningen in het gezin te verminderen. De ouders worden rustiger als ze inzien dat ze niet te kort geschoten hebben. Ze gaan zelfverzekerder met hun kinderen om als ze een leidraad hebben die op het temperament van hun kind is toegesneden. Zo krijgen bijvoorbeeld leerkrachten in Los Angeles instructies hoe ze hun omgang met leerlingen individueel op hun temperament kunnen afstemmen. Op een soortgelijke manier streven de onderwijzers op Vrije Scholen ernaar rekening te houden met de eigen ontwikkeling van de kinderen.

Het is echter van wezenlijk belang dat een bepaald temperament geen vrijbrief is.

> De opvoeders dienen het volgende te beseffen: ondanks het individuele temperament is gedrag aan te leren en in hoge mate door de sociale omgeving te beïnvloeden.

Het woord **karakter** komt uit het Grieks en betekent 'stempel, kerf'. Daaronder verstaan we de geestelijke kenmerken van een mens – zijn aard. Het karakter omvat het geheel van geestelijke talenten, zowel de al ontwikkelde als de nog niet ontwikkelde. In tegenstelling daarmee slaat het begrip **persoon-**

lijkheid meer op het dynamische dat al onder invloed van de omgeving uit het karakter is voortgekomen. Omdat het begrip 'persoonlijkheid' zeer veelomvattend is, zullen we van de eigenschappen van een mens spreken. We gaan ervan uit dat ieder handelen zowel een veranderlijke als een constante component bevat. De constante heeft betrekking op de eigenschappen, maar ook hier worden begrippen vaak door elkaar gehaald en men spreekt zowel van karaktereigenschappen als van persoonlijkheidskenmerken. Ten slotte wordt als synoniem ook het woord 'type' gebruikt (bijvoorbeeld een geweldddadig, ongevaarlijk, geraffineerd, onberekenbaar, aanhankelijk type).
Dit is met een voorbeeld duidelijker te maken. Een kind vervult zijn plichten trouw en geldt als vasthoudend omdat het bij problemen niet opgeeft, maar probeert het werk af te maken. Als het kind naar school gaat, blijkt het grote moeite te hebben met lezen en schrijven. Aan het eind van de tweede klas wordt het vermoeden bevestigd dat het dyslectisch is. Nu is het een kwestie van veel oefenen, want alleen op die manier kan dit gebrek, dat niets met intelligentie te maken heeft, bedwongen worden. Het kind heeft profijt van zijn doorzettingsvermogen. Als het niet stug volhield, maar snel zou opgeven en zou zeggen: 'Dat kan ik nooit', zou het nooit minder fouten gaan maken. Vermoedelijk zou het kind door het grote aantal fouten steeds minder zin hebben om naar school te gaan.

Voorbeeld Marion is een erg angstig meisje. Als klein kind huilde ze altijd heftig als haar moeder niet in de buurt was. In groep één van de basisschool duurde het maanden voordat ze aan de andere kinderen gewend was. Ze speelde lange tijd in haar eentje en keek op afstand naar het spel van de andere kinderen. Elke nieuwe situatie betekent voor haar hoogspanning. Op veranderingen die te voorzien zijn wordt ze heel geduldig door haar moeder voorbereid, maar natuurlijk zijn er bijna dagelijks veranderingen in de gewone gang van zaken. Toen ze voor het eerst naar school ging, sliep ze al dagen vantevoren onrustig en droomde veel. Toen de school begon, braakte ze geregeld 's ochtends en klaagde over duizeligheid en hoofdpijn. Omdat de moeder het verband tussen de angsten, de school (als iets heel nieuws en onbekends) en de lichamelijke kwalen inzag, kon ze ook samen met de pedagogisch ervaren onderwijzeres haar kind met zachte drang aan de schoolsituatie laten wennen. Na een maand of vier nam de spanning bij Marion af. Ze kreeg plezier in het leren en ontplooide zich steeds meer als een belangstellend en ambitieus meisje.

Een dergelijke eigenschap kan echter in ongunstige omstandigheden tot ziekelijke stoornissen leiden, in extreme gevallen zelfs tot de weigering om naar school te gaan of tot een opeenstapeling van lichamelijke kwalen. In bepaalde gevallen kan een bange moeder deze stoornissen zonder opzet nog versterken als ze – omdat ze voortdurend het ergste vreest – haar kind te veel in bescherming neemt, zodat het (onbewust) de nieuwe situatie helemaal afwijst en in de huiselijke geborgenheid probeert te blijven.

De taken van het vegetatieve zenuwstelsel

Er is een kind dat slaapproblemen heeft, constant geïrriteerd is en bij de geringste aanleiding in tranen uitbarst. Het klaagt vaak over hoofdpijn en heeft last van wagenziekte. De ouders zijn radeloos. De dokter heeft 'niets organisch' gevonden. Maar zit er niet toch een ernstige ziekte achter?
Om de oorzaken van dergelijke lichamelijke aandoeningen en zulk gedrag te kunnen achterhalen moeten we eerst een blik werpen op ons zenuwstelsel, dat uit twee grote stelsels bestaat.

Het willekeurige zenuwstelsel
Het willekeurige zenuwstelsel – daartoe behoren de zenuwen van de skeletspieren en de zintuigen – staat onder controle van onze wil. Zijn activiteiten kunnen dus bewust worden gestuurd. Zintuiglijke indrukken komen de hersenen binnen

via het oog, het oor, de neus, de tong of de receptoren voor pijn, temperatuur en aanraking. In de hersenen worden ze geregistreerd, geanalyseerd, herkend, met andere waarnemingen vergeleken, getaxeerd en opgeslagen. We kunnen er zowel 'onbewust' (automatisch) als 'bewust' op reageren.
Natuurlijk kunnen we ook zonder uiterlijke prikkels handelen en lichamelijke of geestelijke activiteiten verrichten. We nemen ons bijvoorbeeld voor op een bepaald tijdstip ons huis te verlaten. Dit plan wordt langs de zenuwbanen naar de spieren overgebracht. We bewegen een hand, vormen een woord, zetten ons in beweging enzovoort. Deze handelingen kunnen we gewoonlijk willekeurig beginnen, controleren en voltooien. Ze verlopen bewust, ook als ze voortaan vaak automatisch gaan, zoals de bewegingen bij het kauwen, zwemmen of lezen.

Het vegetatieve zenuwstelsel
Het vegetatieve zenuwstelsel regelt de werkzaamheden van de innerlijke organen, de stofwisseling, de ademhaling, de lichaamstemperatuur, de bloedsomloop en de onderlinge afstemming. Het controleert het innerlijk milieu van ons lichaam en zorgt voor de harmonische samenwerking tussen het centrale zenuwstelsel en de ingewanden. Daarmee draagt het wezenlijk bij aan de aanpassing van het organisme aan de omgeving.
In tegenstelling tot het willekeurige zenuwstelsel werkt het vegetatieve zenuwstelsel buiten onze wil om. Het zorgt voor een ongestoorde, harmonische en doelmatige verrichting van al onze gecompliceerde lichaamsfuncties. Ons hart klopt zonder dat we daar bevel toe geven. Voor onze spijsvertering worden, afhankelijk van het soort en de hoeveelheid voedsel, de nodige enzymen beschikbaar gesteld. De voedingsstoffen worden met het bloed rechtstreeks afgevoerd naar de plaats van behoefte, dus naar de spieren of de hersencellen, maar ze kunnen ook in een depot worden opgeslagen.

> De werkzaamheden van het vegetatieve zenuwstelsel verlopen volgens een vierentwintiguursritme.

Afhankelijk van het moment van de dag worden vegetatieve functies versterkt of afgeremd. Zo wordt bij een kind tijdens de nachtelijke slaap meer groeihormoon aangemaakt en tegelijkertijd worden de hartslag en de ademhaling gereduceerd. Maar overdag worden de hartslag en de ademhaling geactiveerd en stijgt de lichaamstemperatuur. Dit ritme ligt vast. Uiterlijke invloeden zoals de afwisseling van licht en donker of onze zelfgekozen dagindeling (bijvoorbeeld om zes uur wakker worden, vanaf zeven uur geconcentreerd kunnen werken) hebben alleen een modificerend effect. Ook het lichamelijke en geestelijke prestatievermogen is aan deze wetmatigheid onderworpen.
Maar zelfs bij dit vaste ritme zijn er individuele verschillen. 'Nachtwerkers' komen tegen de avond pas echt in vorm en zijn 's nachts zeer productief. Anderen daarentegen zijn bij het eerste hanengekraai wakker en goedgestemd, maar gaan 's avonds 'met de kippen op stok'. Niet iedereen kan zijn leven helemaal volgens zijn eigen ritme inrichten. Dat gaat beroepsmatig niet, omdat je dan aan bepaalde werktijden gebonden bent, en ook niet in een gezin, waar compromissen met name tegenover de kinderen niet te vermijden zijn.
Natuurlijk kun je je lichaam op het gewenste ritme 'ompolen'. Als dat binnen een bepaalde tolerantiegrens in goede harmonie 'functioneert', merken we niet eens op dat het vegetatieve zenuwstelsel actief is. Pas als er een storing optreedt, worden we ons ervan bewust dat dit systeem gewoonlijk geluidloos en onopvallend zijn werk doet.
Maar verbanden die in eerste instantie eenvoudig lijken, blijken bij nader inzien vaak veel gecompliceerder te zijn.

Voorbeeld Peter is zeven jaar. Hij heeft duidelijk maagklachten, af en toe breekt het zweet hem uit en heeft hij koude handen. Hij klappert met zijn tanden, staat wankel op de benen en gaat uit zichzelf naar bed, hoewel zijn favoriete oma op bezoek is. Wat mankeert hem nu eigenlijk?

Door de vele verbanden tussen het vegetatieve en het willekeurige zenuwstelsel respectievelijk tussen de andere hersencentra en de tussenhersenen komen er nog meer symptomen bij, die op zich niets met de eigenlijke oorzaak en het betrokken orgaan te maken hebben. Bij een stoornis van het spijsverteringsstelsel bijvoorbeeld kunnen ook de bloedsomloop, de temperatuurregeling en de stemming verstoord worden, zodat je het plotseling koud krijgt, je slap en ziek voelt en nergens zin in hebt.

Deze wederzijdse invloeden tussen psychische, geestelijke en lichamelijke functies zijn al sinds de oudheid bekend. Ze zijn in veel gezegden terug te vinden, die iedereen kent: we 'klapperen met onze tanden', we 'hebben knikkende knieën' van angst, 'de adem stokt in onze keel', 'de koude rillingen lopen ons over de rug', we 'krijgen kippenvel' of we 'worden wit van woede', 'het hart springt op van vreugde', we 'krijgen glanzende ogen' of 'de haren rijzen ons te berge'.

Een goed waarnemer kan uit het groter worden van de pupillen, de koude en bezwete handen of de snellere polsslag conclusies trekken over iemands gevoelstoestand. Is iemand terneergeslagen, treurig of moe, dan maakt hij een oudere indruk omdat de huid slechter doorbloed wordt. Omgekeerd wordt een succesvolle gebeurtenis of een geluk brengende ontmoeting niet alleen in de gezondheidstoestand weerspiegeld, maar ook in het uiterlijke verschijningsbeeld.

Het zijn allemaal tekens dat we voortdurend ook vegetatief reageren, dat het vegetatieve zenuwstelsel als een seismograaf onze lichamelijke en psychische toestand weergeeft. Op die manier kan echter ook snel een verstoring optreden in het evenwicht tussen de vegetatieve functies, waarvoor twee tegenstrijdig werkende functiemechanismen verantwoordelijk zijn: de **sympathicus** en de **parasympathicus**. Terwijl bijvoorbeeld de sympathicus de hartslag versnelt, vertraagt de parasympathicus hem weer. De parasympathicus activeert de spijsvertering, de sympathicus remt haar af. Deze tegengestelde effecten beïnvloeden alle inwendige organen, de huid, de bloedvaten, de ogen, de zweetklieren, de gladde spieren enzovoort. Daarbij werkt het sympathische deel altijd stimulerend, het maakt energie vrij en bevordert de stofwisseling (= 'ergotroop'). Het parasympathische deel daarentegen is energiebesparend, bouwt reserves op en bevordert de genezing (= 'trofotroop').

Dit evenwicht van de beide tegenspelers verandert 's nachts ten gunste van de parasympathicus, overdag ten gunste van de sympathicus. Ook in de loop van de dag verschuift dit evenwicht, afhankelijk van de soort bezigheden en de intensiteit ervan. Bij lichamelijk en geestelijk werk of bij psychische inspanning, bij 'stress', wordt de sympathicus actiever. Als er ontspanning intreedt, overheerst de parasympathicus.

Er is nog een punt dat belangrijk is. We hebben ieder onze **individuele vegetatieve tonus**. Die tonus (spanningstoestand) maakt deel uit van onze constitutie en zodoende van onze persoonlijkheid. Mensen met een dominante sympathicus zijn meestal levendig, reageren snel op elke prikkel en hebben over het algemeen grote pupillen. Ze krijgen gauw koude handen en voeten en ook hartkloppingen.

Het evenwicht tussen sympathicus en parasympathicus wordt chronisch verstoord als er geen afwisseling tussen spanning en ontspanning is of als iemand vanwege permanente psychische belasting niet meer tot afwisseling in staat is. Het lichaam reageert heftig op normale prikkels, het 'maakt zich druk om niets', de slaap is onrustig, bij de minste belasting breekt het zweet uit en zijn er hartkloppingen. Men reageert onbeheerst, heeft snel hoofdpijn, kan zich niet meer goed concentreren en kan niets meer onthouden...

Hoe snel (over)belasting en spanning tot een **falende regulering** van de vegetatieve functies leiden, hangt ook weer van de constitutie af. Sommige kinderen verdragen de belasting van een gewone schooldag met lawaai, stilzitten en hoge prestatie-

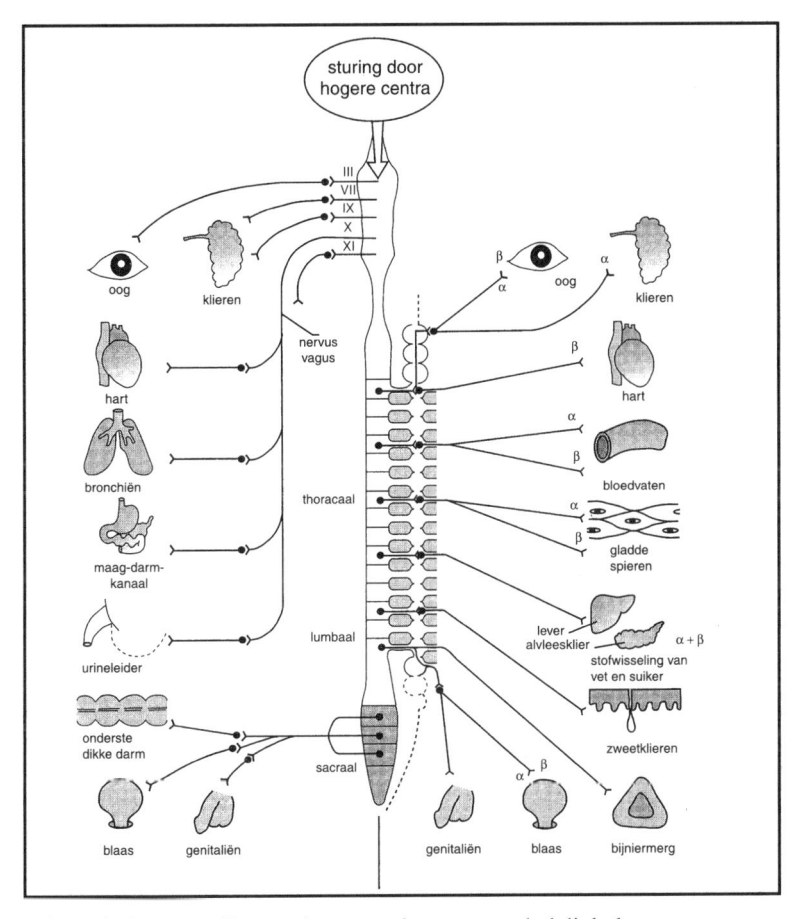

Schematische voorstelling van het vegetatieve zenuwstelsel: links het parasympathische deel, rechts het sympathische. De meeste organen van het lichaam worden door beide delen gestimuleerd. Het evenwichtige samenspel maakt een ongestoorde autonome werking van alle organen mogelijk (naar Silbernagl en Despopoulos).

druk zonder enig probleem; anderen klagen in die omstandigheden over hun gezondheid. Maar dat over het geheel genomen het aantal kinderen toeneemt dat over zulke symptomen klaagt, is te herleiden tot een levensstijl die steeds minder bij kinderen past. De kinderen worden in hun vrije tijd overspoeld met prikkels, waarbij televisie en computer lichamelijke bewegingen vervangen en tot slaaptekort leiden. Als aan

de andere kant het vegetatieve evenwicht gehandhaafd blijft, draagt dat ook bij aan de psychische stabiliteit; men kan spanningen dan beter opheffen. Hetzelfde geldt voor het lichamelijke weerstandsvermogen en het algehele welzijn.
Hoewel het vegetatieve zenuwstelsel autonoom is, is het toch tot op zekere hoogte met de wil te beïnvloeden. Zo kunnen met intensieve training de lichaamstemperatuur, de hartslag en de spierspanning veranderd worden. Daar zijn methoden voor, die tegenwoordig steeds belangrijker worden; het zijn onder andere autogene training, biofeedbacktraining, progressieve spierontspanning, maar ook yoga, Tai Chi en andere meditatieve technieken, die in Oost-Aziatische culturen een vaste plaats hebben.

> **Voorbeeld** Onlangs kwam een meisje van zestien op mijn spreekuur omdat ze grote slaapproblemen had. Het meisje bleek verliefd te zijn op een tien jaar oudere man en was na korte tijd op zijn avances ingegaan. Daarna was ze doodsbenauwd dat ze zwanger was geraakt. Omdat haar moeder na de scheiding van haar vader twee jaar daarvoor depressief was geworden, klampte ze zich vast aan haar dochter en eiste haar sindsdien volledig voor zichzelf op. Ze gaf haar geen enkele vrijheid om met leeftijdgenoten om te gaan en eiste topprestaties op school, opdat ze later met een geschikt beroep in haar eigen levensonderhoud kon voorzien en niet afhankelijk van een man hoefde te zijn.
> Silke houdt van haar moeder, maar ze lijdt ook onder de situatie. Ze wil de verwachtingen van haar moeder niet beschamen en wil haar verder leed besparen. Silke is een tamelijk gesloten, zeer gevoelig meisje. Ze kon niemand in vertrouwen nemen, haar eigen moeder al helemaal niet, en dus ook niemand om raad vragen. Dus moest ze voor haar ontmoetingen telkens nieuwe smoezen bedenken en zweefde ze voortdurend tussen vreugdevolle verwachting en het gevoel dat ze haar moeder bedroog en misschien wel haar toekomst bedierf. Ze werd steeds nerveuzer en huilde vaak zonder serieuze aanlei-

ding. Ze kon moeilijk in slaap komen, werd 's nachts klaarwakker en lag dan in het zweet te baden en te piekeren. In school had ze al lang geen plezier meer, ze kon haar aandacht niet bij de leerstof houden en was lusteloos. Haar vriendin was een jaar daarvoor verhuisd. Met de andere meisjes had ze geen bijzonder contact omdat ze ook kritisch en humeurig was geworden. Ze klaagde dat ze overdag altijd moe en lusteloos was, eigenlijk wilde slapen, maar 's nachts wakker lag of 'akelige dromen' had. Door haar slechte stemmingen en haar angsten heeft ze nu ook haar vriend van zich afgestoten, maar ze denkt net als vroeger constant aan hem. Intussen weet ze wel dat ze niet zwanger is; ze herstelt echter niet, slaapt nauwelijks, is constant geprikkeld en haar schoolprestaties gaan achteruit.

Uit onderzoek blijkt dat het blonde, slanke meisje, dat de laatste tijd drie kilo is afgevallen, zeer sterke reflexen, heeft en koude, blauwige handen, die ook klam van het zweet zijn. Haar hartslag is verhoogd, haar bloeddruk laag. Haar pupillen zijn abnormaal wijd. Ze is erg bleek. Ze vertelt dat ze altijd al bleek is geweest en ook altijd, zover als haar herinnering teruggaat, 'ijskoude handen' heeft gehad, die bij opwinding altijd klam worden.

Dit meisje had dus door een conflict slaapproblemen gekregen en ze leed onder een steeds groter slaaptekort. Daardoor raakten de autonome functies, die al labiel waren, uit hun evenwicht en ze ontwikkelde de typerende symptomen van chronische uitputting.

Silke ging na enkele begeleidende gesprekken autogene training volgen en kreeg dat heel snel onder de knie. Ze kreeg het advies lid van een dansclub te worden, wat ze al lange tijd wilde, maar met het oog op de wensen van haar moeder niet had gedurfd.

Voor de eerste tien dagen had ik haar een licht slaapmiddel gegeven, zodat ze zo snel mogelijk haar slaaptekort kon wegwerken en haar vegetatieve en daarmee ook haar psychische evenwicht gemakkelijker hersteld konden worden.

Maar ook wie voortdurend blootstaat aan verhoogde prikkels, zoals lawaai, prikkelingen van het evenwichtsorgaan, intensieve lichtimpulsen of pijnen, ervaart heel gauw stoornissen in de slaap, de bloedsomloop, de spijsvertering, de menstruatie, kortom, verstoringen van het evenwicht, van de reguleringen binnen afzonderlijke functiesystemen. Ze gaan gepaard met geprikkeldheid, onevenwichtigheid en verminderd geestelijk prestatievermogen.

Voorbeeld Bij de twaalfjarige Olaf lijkt de koptelefoon van zijn walkman aan zijn oren vastgegroeid te zijn; misschien doet hij ze alleen bij het wassen af. Maar dan schalt de muziek er zo hard uit, dat een radio overbodig is. Zelfs bij het maken van zijn huiswerk en onderweg naar en van school kan hij geen afstand doen van zijn walkman. Resultaat na enige tijd: het gehoor is beschadigd. De prestaties op school zijn slechter geworden, hij kan zijn hoofd er niet meer bijhouden. Hij is onrustig geworden en weer begonnen met nagelbijten. Olaf voelt zich niet meer echt prettig, maar hij weet niet hoe dat komt.

Door de permanente overprikkeling van een zintuig is het sturingsmechanisme van het vegetatieve zenuwstelsel niet meer in staat het natuurlijke evenwicht te herstellen en op de 'overspanning' een passende 'ontspanning' te laten volgen.

Het kind in zijn omgeving

Gezin

Het gezin is de belangrijkste instelling in het leven van een kind. Het biedt hem bescherming, geborgenheid, verzorging en opvoeding. Hier krijgt het kind duurzame banden met ouders, broers en zusters, verdere familieleden en vrienden. Hier leert het kind de normen en waarden van het gezin kennen, die weer de cultuur van een milieu, een land of een bevolkingsgroep weerspiegelen. Dit gezin, dat tegenwoordig in West-Europese landen vaak alleen uit de ouders of zelfs uit één ouder bestaat, is er echter niet uitsluitend voor het kind. Het groeit in principe op als gewenst lid van de samenleving, maar krijgt slechts een deel van de tijd en de aandacht van de ouders.
Hoe staat het nu eigenlijk met de gelijkberechtiging tussen volwassenen en kinderen? Zijn ouders ouderwets of zelfs ondemocratisch als ze af en toe hun wil doorzetten tegen die van het kind in, bijvoorbeeld bij het naar bed gaan en 's ochtends bij het weggaan van huis (kind treuzelt – moeder wil op tijd zijn)?
Zowel groei als ontwikkeling is positief en negatief te beïnvloeden. We kunnen beide met optimale omstandigheden stimuleren of met ongunstige omstandigheden afremmen. Iedereen weet dat kinderen die niet genoeg te eten krijgen, te weinig zonlicht krijgen of zich niet voldoende kunnen bewegen, een achterstand in hun groei oplopen. Ook de geestelijke en psychische ontwikkeling is in hoge mate afhankelijk van uiterlijke factoren. Als zuigelingen niet voldoende liefde krijgen, als ze – misschien zelfs bij voldoende voeding en licha-

melijke verzorging – emotioneel verwaarloosd worden, groeien ze slecht en vertonen ze later gedragsstoornissen. Behalve de liefdevolle aandacht van de moeder of iemand anders en het gevoel van geborgenheid krijgt het kind ook vanaf het begin grenzen opgelegd, die het heel snel als vanzelfsprekend accepteert.

Wat een kind in zijn gezin leert, hoe zijn gevoelens worden aangesproken, hoe het de relaties tussen volwassenen beleeft, de manier waarop ze hun zin doordrijven of zich voegen naar die van een ander, of ze constant hun eigen belang op de eerste plaats stellen of zich ook inzetten voor het welzijn en de behoeften van anderen, of ze alleen maar praten of ook tot actie overgaan (ook bij de opvoeding van kinderen), dat alles neemt een kind steeds beter waar naarmate het ouder wordt. Daaruit ontwikkelt het (in eerste instantie onbewust) een **eigen beeld van sociaal gedrag**. Het verzamelt ervaringen ten aanzien van de vraag welke gedragsvormen gewenst zijn en beloond worden en welke ongewenst zijn en meestal onaangename gevolgen hebben, zodat het die beter kan nalaten. Dat kan betekenen dat het kind door het voorbeeld van de ouders leert zich sociaal te gedragen en een gezonde mengeling van egoïsme en altruïsme te ontwikkelen. Of het wordt door nabootsing van het ouderlijk voorbeeld zo gevormd dat het sociaal wenselijk gedrag lijkt te vertonen, maar in werkelijkheid zijn eigen belangen nastreeft.

Omdat een dergelijk gedrag zeer wijdverbreid is en bij veel mensen alleen de eigen vorderingen op de welstandsladder als maatstaf voor iemands waarde gelden, zijn ook de doelen veranderd die ouders bij de opvoeding van hun kinderen voor ogen hebben. Welke ouders hebben niet het beste met hun kinderen voor? Voor velen betekent dat echter uitsluitend een succesvolle carrière en maatschappelijk aanzien.

Maar hoe staat het met de sociale vaardigheid, met de bereidheid een harmonisch gezinsleven te leiden, de belangen van een ander te accepteren of minstens te tolereren, innerlijk evenwichtig te zijn en gelukkig te zijn in de situatie die men weet te scheppen?

De opvoeding van een kind in het gezin is slechts voor een

klein deel een actief proces. De manier waarop ouders met een kind omgaan, is grotendeels gebaseerd op de **persoonlijkheid van de ouders**, hun eigen jeugdervaringen, hun tevredenheid met hun relatie en de voldoening die ze in hun werk beleven. De rol van de vader is in de laatste jaren aanzienlijk veranderd; hij houdt zich steeds vaker met de opvoeding bezig en levert daarmee ook een bijdrage aan het evenwicht in het gezin.
Aan de andere kant hangt het niet alleen van de bemoeienissen van de ouders, van hun vaardigheden en hun reactiepatronen, af hoe hun kinderen zich ontwikkelen. Het kind is met zijn aanleg een zelfstandig wezen. Het bezit een bepaalde mate van beweeglijkheid, een bepaald vermogen om indrukken en informatie uit zijn omgeving op te nemen. Het kind reageert op zijn eigen manier op prikkels, het stuurt zijn handelingen vanaf het begin in overeenstemming met zijn persoonlijkheid. Deze talenten zijn echter nog niet rijp; ze ontwikkelen zich in de kindertijd en de jeugd precies zoals het lichaam groeit, en zijn binnen bepaalde grenzen te beïnvloeden. Er vindt dus een wederzijdse beïnvloeding plaats, zodat we van een constant **terugkoppelingsproces tussen kind en ouders** kunnen spreken.
Naarmate kinderen in de schoolperiode hun relaties uitbreiden, met name met leeftijdgenoten, en steeds zelfstandiger worden, neemt hun invloed op hun ouders toe. Omgekeerd neemt de invloed van de ouders op hun kinderen af, het verschil tussen beiden wordt kleiner.

Het volgende voorbeeld geeft aan wat de sfeer in het gezin voor de ontwikkeling van het kind betekent.

> **Voorbeeld** Philip werd op zijn elfde bij me gebracht omdat hij weer erger ging stotteren. Zijn moeder is een sympathieke vrouw van achtendertig. Na de sluiting van haar bedrijf in 1991 kreeg de afgestudeerd econome een nieuwe loopbaan als manager in een grote instelling voor maatschappelijke dienstverlening. Ze maakte veel meer uren dan vereist was, en ging ook vaak naar dochterin-

stellingen. Haar huwelijk was in 1989 ontbonden. Omdat ze met haar ouders in één huis woonde, kreeg Philip steeds liefdevolle verzorging. Hij was erg graag in het gezelschap van zijn grootvader, die een stuk land en huisdieren had. Twee jaar geleden stierf zijn grootvader plotseling en een paar maanden daarna ook zijn grootmoeder. Sinds ongeveer een jaar woonde de nieuwe partner van zijn moeder, met wie hij op vriendschappelijke basis omging, bij hen in. Philip, die zich 'zonder problemen' had ontwikkeld, stotterde af en toe sinds zijn vierde jaar. (Zijn vader had als kind ook gestotterd, als volwassene kon hij soms, als hij opgewonden was, een bepaald woord niet helemaal vloeiend uitspreken.) Philip ging van stond af aan altijd graag naar school en had altijd vrienden. Vanaf de eerste schooldag leerde hij graag en vlot. Hij had een zonnig humeur en was vanwege zijn spelideeën ook in de klas en in zijn vriendenkring populair. Erg ambitieus was hij niet. Het verlies van zijn grootouders leek hem uiterlijk niet erg te hebben aangegrepen. Maar al gauw was hij begonnen met nagelbijten, soms tot bloedens toe. Het stotteren werd zo erg dat hij vaak niet te verstaan was; bovendien werden zijn prestaties op school minder. Zijn moeder vertelde bovendien dat hij de laatste tijd overdreven grondig te werk kon gaan, wat haar voor die tijd niet zo was opgevallen. Hij poetste bijvoorbeeld 's ochtends haar auto tot die blonk als een spiegel. Soms kostte het haar moeite hem daarmee te laten ophouden, omdat ze anders te laat op haar werk zou komen. En tot slot, zo vertelde ze, was er nog een duidelijke verandering in Philip: hij was in de afgelopen maanden flink aangekomen, zodat ze nieuwe kleren voor hem moest kopen. Als hij uit school komt, lummelt hij wat rond, kijkt een tijdje televisie en maakt een of ander gerecht klaar. Sinds kort vindt hij het leuk iets voor zichzelf te koken en dat eet hij dan met smaak. Zijn huiswerk doet hij netjes en grondig, soms is hij er erg lang mee bezig. Hij heeft op dit moment een goede vriend, met wie hij over van alles en nog wat kan praten. 's Avonds wacht hij hoopvol op zijn moeder, die echter niet altijd met het avondeten thuis kan zijn. Dan eet hij met Manfred, de vriend van zijn moeder.

Zo'n gezinssituatie is beslist uitzonderlijk. Philip is ondanks de carrière van zijn ambitieuze moeder en de huwelijksconflicten van zijn ouders met de daarop volgende scheiding beschermd opgegroeid. Hij had vertrouwde contactpersonen, die zich verantwoordelijk voor hem voelden. Vooral de grootmoeder lette erop dat hij ook kleine plichten met zorg uitvoerde, terwijl zijn grootvader hem bijna spelenderwijs veel praktische vaardigheden heeft bijgebracht. Hij heeft de jongen op een harmonische en liefdevolle manier vertrouwd gemaakt met de natuur en met dieren.

Aan de andere kant laat dit voorbeeld ook zien dat een ideale gezinssituatie, die je Philip zou toewensen, niet altijd te verwezenlijken is. Moet je de moeder aanraden op tijd voor het eten thuis te komen, omdat ze anders een slechte moeder is? Ik geloof dat tegenwoordig vrijwel geen zinnig mens deze vraag met 'ja' zou beantwoorden.

Hoe valt dan aan Philip meer stabiliteit te geven? Omdat hij met zijn bijna twaalf jaren zijn interessen snel zal gaan uitbreiden, gaf ik zijn moeder en Manfred het advies de contacten binnen het gezin te verstevigen totdat de jongen geleidelijk een grotere zelfstandigheid heeft verworven (waarvoor het initiatief overigens bij hem zelf ligt). Dan zou hij zijn probleempjes en belevenissen elke dag kwijt kunnen. Zijn moeder, die voor hem de belangrijkste is en niet door Manfred vervangen kan worden, moet haar verplichtingen in de avonduren kritisch overwegen.

Philip onderging een paar maanden lang gesprekstherapie. Hij leerde een ontspanningsmethode en enkele technieken om weer vloeiend te spreken en zijn nerveuze trekjes 'af te leren'. Intussen gaat hij naar het gymnasium, spreekt veel vlotter en bijt nog maar af en toe op zijn nagels. Hij eet nog steeds graag en meer dan nodig is, maar hij probeert intussen door te tennissen vet in spieren om te zetten. Hij heeft het verlies van zijn grootouders geaccepteerd en is de langdurige droef-

heid goeddeels te boven gekomen. Hij heeft ook geleerd zijn kinderjaren met zijn grootouders als een waardevolle periode te beschouwen. Het lijkt erop dat hij in het afgelopen jaar heel veel zelfvertrouwen heeft ontwikkeld.
Tot dusverre is zijn acht jaar oudere zus niet ter sprake gekomen; toen Philip aan mij werd voorgesteld, woonde ze al niet meer thuis. Van haar valt alleen te zeggen dat ze nooit nerveuze stoornissen of opvallend gedrag heeft vertoond.

Voorbeeld Tot mijn cliënten behoren een zus en twee broers, van acht, zeven en vier jaar oud. Ze wonen sinds drie jaar bij een tante van hen, een zuster van hun moeder, omdat ze anders in een tehuis waren opgenomen.
De moeder van de kinderen is, toen ze een jaar of dertien was, van school gegaan. Ze heeft enige tijd in een jeugdinrichting gezeten omdat ze rondzwierf en van tasjesroof en winkeldiefstal leefde. Daar is ze aan een opleiding tot kok begonnen. Later heeft ze een gevangenisstraf van enkele jaren uitgezeten wegens valsheid in geschrifte en lichamelijk geweld. Ze moet erg impulsief en labiel zijn geweest. Al tijdens haar tweede zwangerschap (van Manuel) heeft ze erg veel alcohol gedronken en heel veel gerookt. Ook de vader van de kinderen heeft veel gedronken en gerookt. Zijn ouders waren allebei alcoholist.
Stephanie, die nu acht jaar is, werd te vroeg geboren, had toen een gewicht van 1450 gram en lag zes weken in een kinderziekenhuis voordat ze naar huis mocht. Ze had ook daarna telkens eetproblemen en infectieziekten en lag in de eerste twee jaar vaak in het ziekenhuis. Volgens de tante heeft de moeder haar kinderen 'als een stuk hout' behandeld. Bij de geringste aanleiding heeft zij Stephanie bij het ziekenhuis afgeleverd. Omdat de tante in de buurt woonde en zelf geen kinderen had, heeft zij zich al gauw om Stephanie bekommerd. Stephanie heeft met haar de eerste stapjes gelopen en de eerste woordjes geleerd. Ook de moeder van de tante, Stephanies oma dus, heeft zich over het kleine meisje ontfermd. Omdat de moeder van de kinderen zeer onbetrouwbaar was,

maakten de oma en de tante afspraken over het ophalen van school. Soms, als er voor de kinderen niets te eten in huis was (intussen was ook Manuel, de middelste, geboren), werden ze bij oma gebracht. Als Stephanie thuis huilde, schreeuwde haar moeder tegen haar of gaf ze haar slaag. Omdat oma in die tijd nog werkte en nog steeds hoopte dat haar dochter zich meer om haar kinderen zou gaan bekommeren, nam ze de kleintjes slechts af en toe in huis. Toen het meisje vijf jaar was, werd de moeder met haar eigen instemming uit de ouderlijke macht ontzet en ging de tante voor de kinderen zorgen. Stephanies aanzienlijke achterstand op motorisch, sociaal en spraakgebied werd kleiner, maar ze ging toch een jaar later naar de basisschool dan haar leeftijdgenoten.

Stephanie is een leuk, heel bleek en mager meisje. Tijdens onze eerste ontmoeting maakt ze een mooi, kleurig schilderij en geeft onafgebroken levendig commentaar bij haar eigen handelingen. Ze heeft een opgewekt humeur en oppert het ene idee na het andere. Bij de kinderen in de klas is ze geliefd omdat ze meegaand en altijd in een goede stemming is. De onderwijzeres ziet dat anders, omdat ze door haar rusteloosheid en praatzucht vaak de les verstoort. Ze weet de stof goed op te pakken, maar haar cijfers zijn lager dan van haar verwacht mag worden, omdat ze vaak niet oplet en in schriftelijk werk veel fouten maakt door slordigheid. Stephanie bijt veel op haar nagels, soms scheurt ze die zover af dat het begint te bloeden. Ze slaapt heel laat in, is eenvoudig niet tot rust te krijgen. Maar 's ochtends is ze ook als eerste wakker. Dat is vooral in het weekeinde tamelijk hinderlijk voor de rest van het gezin. Bovendien heeft ze een fobie die je bij het levendige meisje totaal niet zou vermoeden. Ze is erg bang voor nieuwe, onbekende situaties, voor vreemde mensen, voor duisternis en grote dieren. Ze gaat tot dusverre niet alleen naar school, maar moet elke dag door haar oma gebracht worden.

De middelste, Manuel, zit in groep drie. Ondanks een

goede intelligentie heeft hij leerproblemen. Hij kan zich maar kort concentreren, is erg onrustig, is snel opgewonden en begint bij de minste aanleiding te huilen of woedend te schreeuwen en om zich heen te slaan. Bijzondere problemen heeft hij met behendigheid, dus met schrijven, gymnastiek en spel. Hij heeft moeite met balanceren, huppelen, het gooien en vangen van ballen. Manuel bijt op zijn nagels, tot een jaar geleden plaste hij 's nachts in bed en wiegde hij in zijn slaap. De geboorte is normaal verlopen. Hij heeft pas heel laat leren lopen en praten. Hij werd verwaarloosd, net als zijn grotere zus. Zijn moeder had toen al geregeld 'rondgezworven'. Manuels taalvermogen is ook nu nog heel gebrekkig en hij heeft een geringe woordenschat, hoewel hij sinds de bemoeienis van zijn tante aanzienlijke vooruitgang heeft geboekt. Manuels belangrijkste problemen zijn zijn geringe belastbaarheid, onbehendigheid en lage frustratiedrempel. Frank, die vier jaar oud is, heeft waarschijnlijk een andere vader dan zijn broer en zus. Zijn algehele ontwikkeling is ernstig vertraagd. Hij praat en tekent als een kind van twee. Ook in zijn lichamelijke behendigheid ligt hij ver achter op zijn leeftijdgenoten. Het is een vrolijk kind, dat weinig afstand in acht neemt. Hij kan zich maar kort concentreren. Zijn moeder heeft ook toen ze van hem zwanger was erg veel gedronken en gerookt. Hij is acht weken voor de uitgerekende datum in een vloek en een zucht geboren en werd als zuigeling al ernstig verwaarloosd. Toen hij na twee jaar door zijn tante werd opgenomen, kon hij maar een paar woorden spreken en leerde toen pas lopen. Zijn huidige problemen bestaan uit een aanzienlijke achterstand in zijn spraakontwikkeling, hij is motorisch erg onrustig en is gauw afgeleid, heeft slaapproblemen, is erg bang, reageert af en toe heel koppig en is soms zeer agressief tegen andere kinderen.

In het gedrag van deze kinderen zitten tot dan toe gemeenschappelijke kenmerken, maar natuurlijk ook verschillen. Ze hebben alledrie therapie nodig voor stoornissen waarvan de oorzaak zowel op het sociale vlak als in de hersenfuncties en de ongunstige wisselwerking daartussen liggen.

Waarschijnlijk zijn er ook aangeboren oorzaken. Nu hebben de kinderen een tehuis gevonden met mensen die zich verantwoordelijk voor hen voelen en hen accepteren zoals ze zijn. Daar moeten we echter wel aan toevoegen dat ondanks de gunstige omstandigheden en de professionele hulp niemand kan voorspellen tot wat voor persoonlijkheden ze zich zullen ontwikkelen.

Hoe kunnen ouders ervoor zorgen dat hun kind een zelfstandig, maar tegelijk ook sociaal vaardig mens wordt, die zich bewust is van zijn verantwoordelijkheid en verdraagzaam is? Is het juist een kind vanaf het begin de volle vrijheid te geven? Ontplooit het zich daardoor beter? Kun je bijvoorbeeld een kind van vier laten bepalen wanneer het naar bed gaat? Bijna alle kinderen van deze leeftijd gaan het liefst helemaal niet eerder dan hun ouders naar boven. Als we die gedachte voortzetten, leidt het ertoe dat het kind op een gegeven moment in zijn stoel (waarschijnlijk voor de televisie) in slaap valt en de volgende ochtend nog moe is en niet wil opstaan, als het naar school gebracht moet worden en moeder naar haar werk wil gaan. De moeder die opvoedt volgens het principe van volledige gelijkberechtiging tussen ouders en kinderen, moet dan haar jengelende, vermoeide kind zien aan te pakken. Iedereen die zelf kinderen heeft, beseft dat een dergelijke discussie veel te hoog gegrepen is voor een kind van vier. Op die leeftijd kan het de mogelijke consequenties van doen en laten niet overzien. Bovendien moeten hem alle maatregelen uitgelegd worden, maar niet telkens opnieuw. Het is ook bij heel jonge kinderen een geliefde truc om tijd te winnen en na te gaan wat hun mogelijkheden zijn om toch hun eigen doel te bereiken. En ze leren natuurlijk van hun succes. Als het hun af en toe lukt een verboden doel toch te bereiken, zullen ze het telkens opnieuw proberen en steeds geraffineerder of drammeriger worden.

Als tegenhanger van een opvoeding met overdreven strakke

leiding en bevoogding van kinderen tot en met het gebruik van grof geweld ontstonden in de jaren zeventig de 'kinderwinkels', waaraan het idee van de antiautoritaire opvoeding ten grondslag lag. Daar werd op kinderen gepast zonder dat er een opvoedkundige invloed werd uitgeoefend, zonder dat gedragsnormen werden opgelegd. Deze experimenten hebben echter aangetoond dat kinderen die geen grenzen hoeven te respecteren, steeds agressiever in plaats van vreedzamer worden.

Het is van even groot belang dat ouders controleren wat is afgesproken. Als een kind zijn kamer moet opruimen en telkens merkt dat niemand naderhand controleert of en hoe hij dat doet, zal het dat al gauw niet meer doen. Misschien is het zelfs teleurgesteld omdat het ook geen complimenten krijgt als zijn kamer keurig netjes is opgeruimd. Deze controle zal steeds minder nodig zijn naarmate het kind de aanvankelijk door een ander opgedragen handeling in zijn eigen gedragsrepertoire opneemt. Helaas kan de eerste fase niet worden overgeslagen. Een jongere die tot dusverre niet door controle heeft geleerd zijn taken met zorg te verrichten, zal het nu ook niet 'op stel en sprong' kunnen. Het leren van bepaalde normen, zonder welke het leven in een gemeenschap niet mogelijk is, is na een bepaalde ontwikkelingsfase moeilijk, soms zelfs onmogelijk in te halen.

Aan de ene kant zijn er gezinnen waarin de kinderen vaak aan zichzelf zijn overgelaten, waarin niemand tijd heeft om de belevenissen en zorgen van het kind aan te horen, waarin nooit iets gemeenschappelijk wordt ondernomen. Het andere uiterste is echter ook niet goed voor het kind: als er namelijk geen speelruimte is, het kind zijn zelfstandigheid niet kan ontwikkelen, omdat de moeder elke beweging van het kind in de gaten houdt, het misschien jaren lang naar school brengt en het daarmee blootstelt aan de spot van de klasgenoten. Door zo'n **overdreven zorgzame houding** ontwikkelt het kind zich tot een 'moederskindje', ongeacht of die houding nu het gevolg is van een ziekte of een handicap van het kind of uit een bange verwachting van de ouders voortkomt. Het heeft nergens vertrouwen in en wordt misschien zodanig door de moeder of de vader overheerst dat het niet in de gelegenheid komt contacten met leeftijdgenoten te leggen.

Een heel ander probleem vormen de **kleine tirannen**, die het gezin naar hun pijpen laten dansen. Tirannen worden niet geboren, maar werken zich tot die positie op. Vaak zijn het vurig gewenste kinderen, waarmee de ouders geen 'normale' relatie kunnen opbouwen, maar een 'apenliefde' ontwikkelen. Misschien is het kind erg ziek geweest en hebben zich in die periode gedragsvormen ontwikkeld die naderhand heel moeilijk te veranderen zijn. Maar vaak is de schuld te vinden bij de onzekerheid van een misschien heel jonge, heel bange of onbekwame moeder.

Met het toenemen van de leeftijd moet het kind meer speelruimte krijgen. Regels voor het samenleven die tot dan toe golden, moeten in dagelijkse onderhandelingen en aanpassingsmanoeuvres opnieuw worden vastgelegd, omdat ze door de jongere in twijfel worden getrokken. De kinderen willen in feite niet het contact met de ouders verbreken, maar veeleer geaccepteerd worden in hun toenemende zelfstandigheid. Daarvoor is een verandering van de bestaande relaties onvermijdelijk. Helaas gaat dat nooit zonder conflicten. Vooral moeders, die er 'alleen voor de kinderen' zijn, hebben vaak moeite met het weggroeien van een kind. Ze reageren gekwetst en geïrriteerd. Een sfeer waarin constant wordt gevit en bevoogd op een leeftijd waarop kinderen hun omgeving al heel realistisch kunnen beoordelen, heeft vaak een effect dat lijnrecht tegenover het beoogde staat. De kinderen voelen zich onbegrepen en zoeken buiten het gezin mensen bij wie ze zich vertrouwd voelen.

Ik hoop dat ik duidelijk heb gemaakt welke verantwoordelijkheid een gezin heeft voor de optimale ontwikkeling van een kind, maar ook welke mogelijkheden het gezin heeft. Om een goede moeder of vader voor een kind te kunnen zijn hoeven we geen opleiding tot pedagoog of psycholoog gevolgd te hebben. Ouders moeten ook niet het gedrag van iemand in het gezin gaan analyseren en verklaren aan de hand van boeken over dat onderwerp. Van groot belang is dat de leden van een gezin zo natuurlijk en eerlijk mogelijk met elkaar omgaan –

en veel tijd voor elkaar hebben. Ik verbaas me er altijd weer over hoeveel ouders zich in de omgang met hun kinderen 'op de juiste manier' gedragen.

Peuteropvang en eerste jaar basisschool

De peuteropvang en groep één van de basisschool is voor drie- tot zesjarigen in ruime mate een vanzelfsprekende levensfase geworden. Veel ouders hebben zelf in een peutergroep gezeten en koesteren herinneringen aan een lieve peuterjuf, aan de speeltuin, aan bepaalde kinderen, met wie ze misschien nog steeds contact hebben.
Peutergroepen hebben verscheidene functies. Aan de ene kant moeten ze de moeder ontlasten, die wil of moet werken. Aan de andere kant stimuleren ze de persoonlijkheidsontwikkeling van het kind door het contact met andere kinderen, want tegenwoordig hebben de meeste ouders maar één of twee kinderen.
Kinderen hebben behoefte aan een band met vertrouwde volwassenen die hun zekerheid en geborgenheid geven en van wie ze regels en normen overnemen uit liefdevolle genegenheid of uit angst voor een standje of straf. De ontwikkeling van het kind in een gezin blijft de stabiele basis waarvan niemand de ouders kan verlossen. Daarnaast heeft een kind voor zijn verstandelijke en geestelijke ontwikkeling nog behoefte aan verdere mogelijkheden tot leren en vergelijken. Vroeger groeiden de meeste kinderen in gezelschap van enkele broers en zussen op, want los van de maatschappelijke positie van de ouders waren grote gezinnen de regel. Tegenwoordig zijn er steeds meer gezinnen met één kind, dat verstoken blijft van de ervaringen en levensregels in grotere gemeenschappen. Daarom is het vanuit de maatschappij gezien noodzakelijk dat gedragsstoornissen worden voorkomen. We hoeven maar te denken aan de vaardigheid samen met anderen te spelen, zich naar omstandigheden te schikken, meningen met leeftijdgenoten uit te wisselen, zich te handhaven of de mening van anderen ongeacht sociale verschillen te accepteren of te

delen en solidariteit te tonen, kortom: sociale vaardigheden op te doen. Deze ontmoetingskansen moeten voor alle kinderen openstaan.
Het wordt bewezen geacht dat peuteropvang een nivellerende werking heeft. Dat effect pakt met name gunstig uit voor kinderen van minder bevoorrechte ouders, die vaak weinig opvoedkundige vaardigheden hebben, zelf het leven amper aankunnen en meestal een laag inkomen hebben. Maar juist die kinderen kunnen vaak niet naar de peuteropvang, omdat hun ouders bij de stormloop op nieuwe plaatsen het onderspit delven of het geld niet kunnen opbrengen. Hetzelfde geldt voor buitenlanders wier kinderen een veel vlottere start op de basisschool zouden maken als ze al in de voorschoolse fase geïntegreerd zouden worden. En dat geldt ook voor gehandicapte kinderen, van wie slechts de helft in een peutergroep zit. De peuteropvang is de ideale plek om kinderen spelend met elkaar kennis te laten maken, voordat maatschappelijke vooroordelen de bereidheid daartoe beperken.

Omdat we ook weten hoe belangrijk de tevredenheid en stabiliteit van de moeder is en dat vrouwen die werken over het algemeen zelfbewuster en tevredener zijn dan fulltime huisvrouwen, moeten de tijden van de peuteropvang ook zodanig zijn dat ze een baan niet in de weg staan.
Naast zeer positieve ervaringen met peuteropvang wordt ook telkens weer de vrees geuit dat het vermogen om emotionele banden aan te gaan eronder lijdt en dat de persoonlijkheidsontwikkeling bij alle kinderen op dezelfde manier verloopt. Maar in vele onderzoeken is gebleken dat zelfs kinderen voor hun derde levensjaar daar geen nadelen van ondervinden. De resultaten wijzen erop dat het vermogen van het kind om zich te binden in de eerste plaats afhangt van de ouders, van hun vaardigheden en van de kwaliteit van de relatie tussen de ouders en het kind. Niet het feit dat het kind door verschillende volwassenen wordt verzorgd, maar het verstoorde contact met een bepaalde persoon geldt als risicofactor voor de verdere ontwikkeling van het kind.
De peuteropvang is niet alleen een plek voor de kinderen om

te spelen en andere kinderen te ontmoeten, maar ook voor de ouders. Vaak praten ze over problemen van hun kinderen en zoeken andere ouders die voor een paar uur hun kind onder hun hoede willen nemen, zonder dat dure diensten van vreemden ingeroepen hoeven te worden.

Het is ook al lang bekend welke omstandigheden binnen een peuterspeelzaal goed en minder goed zijn. De **groepsomvang** moet afgestemd zijn op het aantal begeleidsters en de grootte van de ruimte. Grote ruimten die zijn op te delen, kunnen heel geschikt zijn voor groepen van zo'n dertig jonge en oudere kinderen. De kinderen kunnen zich al naargelang hun speelbehoeften in kleine groepen met een begeleidster ophouden, zoals bij Montessorischolen het geval is. Als er te veel kinderen in een kleine ruimte bij elkaar zijn, is dat vooral voor jongere, schuwe, bange kinderen, maar ook voor hyperactieve of zelfs agressieve kinderen zeer ongunstig. Ook de begeleidster zal zo'n situatie niet lang kunnen verdragen. Wetenschappelijke onderzoeken hebben aangetoond dat bij een verkleining van de ruimte de agressiviteit toeneemt. Ik houd de gebruikelijke praktijk van ongeveer vijfentwintig kinderen voor te hoog, als je bedenkt dat in zulke groepen meerdere kinderen zitten die moeilijk opvoedbaar zijn, een achterstand in hun ontwikkeling hebben of angstig en geremd zijn. Deze 'bijzondere' kinderen moeten individueel begeleid en gestimuleerd worden, omdat de problemen anders naar de basisschool worden verschoven en met het verstrijken der jaren alleen maar erger worden. Overigens is ook de invloed van lawaai op kinderen niet te onderschatten. Het is een wijdverbreid misverstand dat kinderen goed tegen lawaai kunnen.

De **persoonlijkheid van de begeleidster** speelt natuurlijk een belangrijke rol. Hoe zekerder, hartelijker, fantasierijker ze is, des te meer zullen de kinderen haar accepteren en zich door haar laten leiden. Zij is iemand met wie ze zich kunnen identificeren, een sociale instantie. Ze dient een goede beroepsopleiding te hebben als de peuterspeelzaal niet alleen een bewaarplaats wil zijn, ze moet openstaan voor andere culturele achtergronden en die ook in haar dagelijks werk integreren.

> De integratie van gehandicapte en buitenlandse kinderen is in feite afhankelijk van de deskundigheid en de houding van de begeleidster. Integratie – het is bijna een slogan – is moeilijk te verwezenlijken omdat veel mensen hun vooroordelen niet willen opgeven. Als dat verandert, dient dat met name de vooroordelen te betreffen die een vanzelfsprekend samenleven van kinderen in de weg staan.

Hoe later we daarmee beginnen, des te ingewikkelder wordt het. Op de basisschool is het echt heel moeilijk aandacht te schenken aan de bijzondere eigenschappen van kinderen, omdat daar het leren op de eerste plaats komt.

Het antwoord op de vraag of een groep het beste kan bestaan uit kinderen van dezelfde leeftijd of uit kinderen **van verschillende leeftijden** (zoals in een gezin) hangt helemaal af van wat men met de peuteropvang nastreeft. Aan de ene kant kunnen leeftijdgenoten beter in homogene bezigheden worden betrokken en zijn ze gemakkelijker voor een bepaald onderwerp te interesseren, wat veel ouders wenselijk vinden. Dat geldt met name in de aanloop naar de basisschool. In zulke groepen kan een begeleidster ook beter vaststellen of een kind al dan niet schoolrijp is, en het in zijn ontwikkeling stimuleren. Welk effect leeftijdgenoten in de peuteropvang op de sociale ontwikkeling hebben, is niet voldoende bekend. Op deze leeftijd is een verschil in ervaring voor beide kinderen een pluspunt. Jongere kinderen worden door de oudere gestimuleerd; vijfjarigen zijn voor driejarigen belangrijk als voorbeeld dat ze kunnen navolgen, of het nu gaat om de woordenschat, de kennis van spelregels of lichamelijke behendigheid. De ouderen daarentegen leren verdraagzaam te zijn en rekening te houden met zwakkere kinderen en kunnen iemand beschermen, zich voor hem verantwoordelijk voelen. Ze kunnen hun eigen vaardigheden aan anderen leren en zijn beter

dan de anderen (wat veel kinderen in een groep van leeftijdgenoten nooit meemaken). Aan de andere kant bestaat het gevaar dat de oudere kinderen te weinig uitdaging krijgen.
Intussen zijn er ook groepen met nog grotere leeftijdsverschillen, waarbij een- en tweejarigen spelen tussen kinderen van de naschoolse opvang. Hoe zulke op zich deugdelijke beginselen in de praktijk uitwerken, hangt van verschillende omstandigheden af, bijvoorbeeld van het aantal en de kwaliteit van de begeleidsters en van de grootte en de indeelbaarheid van de ruimten. Omdat in veel instellingen minder plaatsen dan aanmeldingen zijn, is de samenstelling al betrekkelijk homogeen qua leeftijd; soms moeten de ouders immers jaren op een plaats wachten.
Ook in de voorschoolse periode hebben kinderen behoefte aan **speelruimten** waarin ze hun eigen fantasie kunnen ontwikkelen en met die van andere kinderen kunnen vergelijken, waar kinderen hun interessen op die van anderen moeten afstemmen, zonder dat ze vanaf het begin in een bepaalde hiërarchie zitten. Het is goed als ze zelf regels en normen bedenken en leren toepassen. Ze moeten ze ook aan de hand van hun eigen inzicht corrigeren als ze hun relaties en hun spel vorm geven, als dus niet alles door volwassenen 'voor hun eigen bestwil' is georganiseerd. In dat kader kunnen ze sneller een gevoel voor gelijkheid, voor gelijkberechtiging en geleidelijk ook voor gerechtigheid ontwikkelen dan in het contact met volwassenen.
Het is altijd weer interessant te zien hoe vaardig vier- en vijfjarigen met elkaar onderhandelen, een verbond sluiten, concurreren en leren hoe ze met successen en teleurstellingen moeten omgaan. Als we goed kijken, kunnen we bij elk kind al vaststellen wat zijn bijzondere karaktereigenschappen, zijn temperament en zijn ervaringen zijn. Het is bekend dat kinderen op deze leeftijd snel dingen oppakken en een heel goed waarnemingsvermogen hebben, zodat ze vlot hun gedrag aan uiteenlopende omstandigheden kunnen aanpassen. Hun grote imitatievermogen helpt hen situaties die soms zeer complex zijn, te doorzien en op de juiste manier te handelen. Kinderen van deze leeftijd begrijpen al veel, willen serieus geno-

men worden en zich voor iets verantwoordelijk voelen. Ze leren het liefst spelend of handelend. Daarin zijn ze onvermoeibaar; ze oefenen en krijgen met elke herhaling meer zelfvertrouwen. In een peuterspeelzaal is het vanzelfsprekend dat ze bijvoorbeeld de tafel dekken en weer afruimen. Als daarbij iets misgaat, wordt dat betreurd met de opmerking: 'Tja, dat kan gebeuren. De volgende keer zal het beslist beter lukken.' Thuis krijgt het kind vaak te horen: 'Daar ben jij nog te klein voor', of: 'Dat doet mama wel even, want we hebben haast', of: 'Mama zou het ontzettend jammer vinden als je een bord liet vallen', 'Zie je wel, ik heb het toch gezegd?'
Lange tijd is ook de betekenis van het **samen spelen** voor de persoonlijkheidsontwikkeling onderschat. In het spel maakt het kind zich de werkelijkheid eigen, in overeenstemming met zijn leeftijd. Deze speelse interacties moeten door de volwassenen 'slechts' worden gestimuleerd en mogelijk gemaakt. Naast de zelfgekozen spelletjes moeten kinderen worden aangezet tot gezamenlijke activiteiten zoals musiceren, schilderen, knutselen, voorlezen en vertellen, waarnemen en verzorgen, bijvoorbeeld dieren of planten. Kinderen zijn vaak, zolang ze op school zitten, afgesneden van het werkelijke leven. Met name in de eerste twee jaar van de basisschool, waarin ze nog niet stelselmatig leren, kunnen kinderen vaak met beroepsmatige bezigheden kennismaken of bejaardentehuizen, instellingen voor gehandicapten of dierenasiels bezoeken. Op die manier leren kinderen al vroeg op een speelse manier de problemen kennen die ze later kunnen helpen oplossen. Als een kind zelf contact heeft met dieren en bijvoorbeeld dieren in hun natuurlijke omgeving of op een kinderboerderij ziet, krijgt het onbewust de behoefte dieren te verzorgen in plaats van te plagen. Uiteindelijk breidt die houding zich dan uit tot alle zwakkeren en behoeftigen. Door de emotionele beleving, die tot de herinnering aan deze ervaringen gaat behoren, hebben zulke ontmoetingen een belangrijk effect op het latere gedrag.
In een peuterspeelzaal komen kinderen met alle mogelijke temperamenten bij elkaar, ze hebben vaak zeer verschillende ervaringen met maatschappelijke regels en vormen een heel

palet aan leervoorwaarden en -capaciteiten. De ouders van al deze kinderen leven in heel verschillende sociale omstandigheden. Het is dus echt niet mogelijk in een kinderdagverblijf aan alle verwachtingen te voldoen. Het is echter ook niet goed als zo'n instelling louter als bewaarplaats wordt beschouwd.
Kinderen van deze leeftijd kunnen enorm veel in zich opnemen en verwerken, op elk gebied. Kinderen die om wat voor reden dan ook moeilijk zijn, problematisch zijn in de omgang met anderen en ouders hebben die misschien niet bekwaam of bereid zijn om hun kinderen te helpen, zijn in deze fase veel beter dan op latere leeftijd in staat sociale vaardigheden op te doen. De peuteropvang biedt daartoe de gelegenheid, want kinderen kunnen daar, met hun bijzondere gaven, maar ook met hun achterstand, met elkaar leren omgaan zonder de latere prestatiedruk op school.

Basisschool

Een internationaal onderzoek naar oordelen van leerlingen over hun school uit 1988 (Czerwenka) heeft uitgewezen dat het plezier dat kinderen aan school beleven, met elk schooljaar afneemt. Cijfers en rapporten worden door zevenenveertig procent van de leerlingen in groep zeven van de basisschool en door vijfenvijftig procent van de leerlingen in de vijfde klas van het voortgezet onderwijs als negatief ervaren. Volgens een ander onderzoek uit 1985 (Lang) gaat een kwart van de acht- tot tienjarigen niet graag naar school. Enquêtes onder scholieren wezen uit dat de eisen die de school stelt, voor de meeste huidige leerlingen als een hoge belasting worden ervaren. In een vergelijkbare studie uit 1955 had vierentachtig procent van de jongeren een positief oordeel over school; in 1984 was dat percentage gezakt tot vijftig.
Leerlingen van de eerste tot en met de derde klas van het voortgezet onderwijs noemden de volgende factoren als probleemveroorzakers:

☐ lesstof die vaak weinig of zelfs niets met het echte leven te maken heeft;
☐ zinloze schoolregels;
☐ repetitiestress;
☐ weinig mogelijkheden tot inspraak.

'De geënquêteerden hadden echter weinig problemen in hun relaties met medescholieren en leraren. Als gevolgen van de hoge psychische druk werden overschrijdingen van normen en faalangst genoemd. De kritiek van leerlingen op school is blijkbaar scherper geworden, maar het bestaan en de legitimiteit van de school stelden de jongeren niet principieel aan de orde.

In de steeds meer op prestatie gerichte maatschappij, waarmee de meeste ouders zich identificeren, is de school de poort naar een 'passende' plek in de wereld der volwassenen. Daarmee krijgt het kind echter al een prestatiedruk opgelegd die, afhankelijk van zijn constitutie, zijn prestatievermogen en het gedrag van de ouders, kan leiden tot chronische stress en daardoor tot nerveuze stoornissen en gedragsproblemen. Niet alle ouders willen dat hun kinderen deze druk ondergaan. Ze willen niet dat in de eerste plaats de cognitieve vaardigheden worden ontwikkeld, maar willen dat de hele persoonlijkheid aandacht krijgt. Ook ouders met 'probleemkinderen', die op de normale school niet aan 'de norm' voldoen vanwege hun gedrag of hun prestaties, zoeken naar **alternatieve schoolvormen**.

Ik wil hier in het kort drie van zulke schoolvormen bespreken. Het zijn pedagogische concepten die historisch zijn gegroeid en ook als zodanig begrepen moeten worden.

De pedagogiek van Maria Montessori: de arts Maria Montessori leefde van 1870 tot 1952. Ze verbleef langdurig in Duitsland, Italië, Spanje, India en Nederland. De eerste periode van haar werkzaamheden en de verschijning van haar eerste boeken vallen samen met de tijd van de pedagogische hervormingsbeweging die volgens de Duitse geschiedschrijving tussen 1900 en 1922 is begonnen. In haar pedagogische visie staat het kind met zijn behoeften centraal. Haar opvoedkundige gedachten getuigen van een groot respect voor het kind. Afhankelijk van zijn behoefte maakt het gebruik van lesmateriaal, dat in de loop van tientallen jaren is ontwikkeld. Als de kinderen dat te kennen geven, legt de leerkracht de stof uit zodat ze er zelfstandig mee aan de slag kunnen. Het grondbeginsel is als volgt.

> Niet het doel is belangrijk, maar de weg erheen, die strikt individueel door het kind op zijn manier en in zijn tempo wordt afgelegd.

Dat stelt langzamer lerende kinderen in staat samen met andere kinderen te werken. Daardoor leren ze – vrij van prestatiedruk die door het vergelijken met de groepsnorm ontstaat – gemakkelijker en met meer plezier.

Dat is vooral gunstig voor kinderen die zwakke prestaties leveren, weinig doorzettingsvermogen hebben of gehandicapt zijn. Hier is vanaf het begin integratie in praktijk gebracht, iets wat nu ook op de reguliere scholen begint door te dringen. (Integratie moet echter ook niet tot elke prijs worden afgedwongen, want als een gehandicapt kind niet aan de voorwaarden voldoet kan het er meer nadeel dan voordeel van ondervinden.)

Kinderen kunnen altijd van een reguliere school overstappen op een montessorischool, maar de omgekeerde beweging is moeilijker.

De Vrije-Schoolpedagogiek gaat terug op Rudolf Steiner (1861-1925). Ook bij hem ontstond het pedagogische beginsel uit liefde voor het kind. Aan zijn opvoedingsprincipes liggen echter ook bepaalde opvattingen over het wezen van de mens ten grondslag, die op zijn antroposofische kennistheorie gebaseerd zijn (Grieks: antropos = mens; sofia = wijsheid). Hij grijpt daarbij niet zozeer terug op wetenschappelijke inzichten als wel op filosofische overleveringen uit de oudheid, de natuurfilosofie van Goethe, die hij zeer bewonderde, en oosterse wijsheden. In 1919 richtte hij de eerste Vrije School op voor kinderen van arbeiders van een sigarettenfabriek in Stuttgart.

De antroposofie van Steiner en de scholen die op basis van zijn theorieën werken, hadden destijds veel aanhangers, wat is toe te schrijven aan het charisma van Steiner en ook aan de bijzondere sociaal-psychologische omstandigheden na de Eerste Wereldoorlog. In de decennia die volgden, kreeg de beweging nog maar weinig aanhang, maar in de jaren zestig maakten de Vrije Scholen een renaissance door als alternatief voor het reguliere onderwijs.

Het doel van het Vrije-Schoolonderwijs is de hele mens te vormen, hem zichzelf te laten ontwikkelen op basis van zijn individuele capaciteiten en voorkeuren. Er wordt veel waarde gehecht aan de muzikale vorming en de ontplooiing van creatieve vaardigheden. De opleiding van productieve en prestatiege0richte leerlingen komt op de tweede plaats.

Omdat de school op de inzichten van de antroposofie van Steiner is gebaseerd, dienen ouders zich daar vantevoren in te verdiepen. Een kind dat op een Vrije School zit, kan over het algemeen – zeker in de hogere klassen – moeilijk naar een regulicrc school ovcrstappcn.

De oprichter van de freinetpedagogiek, Célestin Freinet (1896-1966), voelde zich aangetrokken tot de reformpedagogiek van de jaren twintig, die een natuurlijke en bij het kind passende opvoeding propageerde. Gedurende zijn hele leven zette hij zich in voor een school die vrij van overheidsdwang en eenzijdige politieke indoctrinatie is. Hij richtte een zogenaamd landopvoedingstehuis op, dat midden in de natuur lag en veel mogelijkheden bood voor de creatieve ontplooiing van kinderen (zoals een ruimte voor kleine dieren, een schooltuin, werkplaatsen). Hij probeerde met deze scholen zijn idealen te verwezenlijken:

▫ aandacht voor de individuele aard van het kind (strijd tegen een norm die voor iedereen bindend is);

- respect voor arbeid en de opvoedkundige invloed daarvan, zelf experimenteren en zoeken naar manieren om iets op te lossen (verbinding tussen theorie en praktijk);
- zelfcontrole bij alle werkzaamheden om succes te laten ervaren;
- veel speelruimte voor scheppende krachten van het kind met alle mogelijke uitdrukkingsmiddelen;
- aandacht voor vrijwillige samenwerking, medeverantwoordelijkheid en het op die manier leren van democratische spelregels met verantwoordelijkheid en grenzen;
- respect voor de mening van anderen;
- betekenis van het spel: aanbod van 'spelen met arbeidskarakter' en 'arbeid met spelkarakter';
- samenhang tussen spraak, muziek en beweging zonder dressuur;
- gedragsregels die door de klas worden opgesteld, gecontroleerd en bekritiseerd.

Opvoeding in de geest van Freinet is opvoeding tot verantwoorde democratie.

Voorbeeld Ik leerde Sebastiaan kennen toen hij in groep één van de basisschool (hij had niet op een peuterspeelzaal gezeten) steeds meer gedragsstoornissen ontwikkelde. Hij volgde de les nauwelijks en slaagde er slechts heel langzaam in bepaalde regels van school te begrijpen en te accepteren. Hij werd door de andere leerlingen gepest, vooral omdat hij na korte tijd een tic in zijn gezicht kreeg. En voor het slapen schommelde hij zo hevig dat hij blauwe plekken op zijn hoofd kreeg. Hij wilde niet meer naar school en maakte een ronduit verwarde indruk.

Sebastiaan en zijn twee jongere broertjes werden door hun moeder liefdevol verzorgd. Toch hield zij zich nauwelijks met hen bezig, moedigde hen niet aan te spelen en las hun ook geen sprookjes of verhalen voor. Er waren in het geheel geen boeken in huis, ook geen plaatjesboeken. Vragen van de kinderen werden kortaf beantwoord.

Omdat ze zelf weinig zei, een kleine woordenschat had en de grammatica niet helemaal beheerste, was het niet verwonderlijk dat de kinderen wat taal betreft hun leeftijdgenoten niet konden bijbenen. Maar ook hun denkvermogen en hun sociale gedrag lagen ver achter op die van hun leeftijdgenoten. Was de overbelasting van het kind nu te wijten aan een trager begripsvermogen, aan de opvoeding thuis of aan allebei? Een onderzoek naar het intellectuele prestatievermogen wees uit dat hij in het laagste waardengebied zat. Maar wat in zulke tests wordt gemeten, is ook door training verworven kennis en kunde; er is geen absolute waarde toe te kennen aan iemands begaafdheid. Toen deze jongen drie maanden in een inrichting voor kinderpsychiatrie zat en daar, overigens met steeds meer plezier, de kliniekschool bezocht, kreeg hij ook een leertraining. Hij bleek een goed begripsvermogen te hebben en zijn taalvermogen nam drastisch toe. De nerveuze aandoeningen waren aan het einde van deze behandelperiode helemaal verdwenen en hij had een vriend gekregen die even oud was als hij.

Het succes van de behandeling zou bij dit kind ook invloed op zijn totale ontwikkeling kunnen hebben. In deze betrekkelijk lange periode heeft hij methoden om iets te leren en problemen op te lossen niet alleen aangeleerd, maar ook geaccepteerd. Dat kan niet zonder invloed blijven op zijn verdere omgang met problemen en mensen. Het is te hopen dat deze ervaringen een langdurige invloed hebben en zo stevig in zijn gedragsrepertoire verankerd zijn dat hij thuis niet in zijn oude gedragspatroon terugvalt.

Het blijvende succes van zulke inspanningen hangt van vele omstandigheden af. De leeftijd van het kind is bijvoorbeeld van belang. Aan de ene kant is het gunstig als bepaalde patronen niet te lang worden gebruikt. Aan de andere kant moet het kind al in staat zijn in ieder geval enigszins op zijn omgeving te reageren.

Ook de karakteraanleg is voor zulke leerprocessen van belang. Is bij een kind eerzucht op te wekken, is het ijverig, laat het zich leiden, is het gevoelsmatig goed aanspreekbaar, kan het al logisch denken of kan het dat leren? Dan zijn de voorwaarden aanwezig voor een blijvend therapeutisch succes, onafhankelijk van het huiselijk milieu.

Voorbeeld Steven werd op zijn tiende wegens grote moeilijkheden op school bij mij gebracht. Hij zat al vier jaar op school, maar zat nog pas in groep vier. In een schoolverslag staat onder andere: 'Steven is ernstig gedragsgestoord. Dat blijkt uit een laag concentratievermogen (hooguit vijftien minuten in alle lessen), een gebrekkige wilskracht en een gestoord aanpassingsvermogen. Hij vormt een bedreiging voor de gezondheid van zijn klasgenoten en de leerkrachten... In bijna elk lesuur veroorzaakt hij stennis, loopt bijvoorbeeld door de klas en slaat een klasgenoot zonder enige aanleiding. Conflicten lopen steeds uit op ruwe vechtpartijen en vernielingen van schooleigendommen.'

Steven werd geboren als tweede van drie kinderen. De moeder is verkoopster, maar is momenteel wegens Steven thuis. Ook zij is als kind erg druk en zenuwachtig geweest. Zij is eenvoudig van aard en heeft de neiging toegeeflijk te zijn. Ze kon heel goed met Steven overweg. Alleen als hij moest oefenen, mopperde hij. Met zijn zusje van acht kan hij heel goed opschieten. Zijn andere zus, die vijftien is, woont sinds enkele maanden in een kindertehuis.

Zijn vader is vrachtwagenchauffeur. Hij is als kind eerder rustig geweest. Totdat hij naar school ging, plaste hij zowel overdag als 's nachts in zijn broek. Nagelbijten doet hij nog steeds af en toe.

Tijdens de zwangerschap heeft zijn moeder gerookt, 'hooguit vijf sigaretten per dag'. Steven werd op tijd geboren, maar met een ondergewicht van 2560 gram. Hij was helemaal blauw en begon niet meteen te huilen omdat de navelstreng om zijn hals gedraaid zat. Tot zijn zesde jaar is hij naar een kinderdagverblijf gegaan. Hij was in die tijd schuw, speelde meestal alleen en werd door de andere kinderen gepest en geslagen. Ook toen was hij onrustig en moest 's middags in een aparte ruimte slapen omdat hij de andere kinderen stoorde. Op zijn zesde hield hij op met bedplassen. Hij ging 'volgens het boekje' naar school, hoewel hij niet schoolrijp werd geacht. In het schoolverslag van groep drie staat: 'Bij het leren lezen was hij in het begin heel ijverig. Het lukte hem zich de eerste letters en woorden in te prenten. Maar toen ontstonden er hiaten die ook met bijlessen niet waren op te vullen.' Steven kende aan het eind van het schooljaar nog maar weinig letters. In de tweede helft van het schooljaar hadden ze hem 'met rust gelaten', omdat de schoolpsycholoog had gezegd dat hij toch niet zou overgaan. Toen hij groep drie overdeed, ging het in het begin wel goed. Maar in de loop van het jaar werd hij steeds agressiever tegenover zijn klasgenoten. Toen hij ook in groep vier bleef zitten, ging 'alles steeds slechter'. Nu doet hij groep vier over in de observatieklas en heeft voor de derde keer nieuwe klasgenoten en leerkrachten. In overeenstemming met de eerste consultaties bij de kinderpsychiater is Steven op aanbeveling van de schoolpsycholoog op een school voor moeilijk lerende kinderen geplaatst.

Een lijdensweg, die helemaal niet nodig was geweest! Bij Steven is sprake van een samenloop van meerdere ongunstige factoren, wat in zulke gevallen meestal voorkomt. Hij heeft de aanleg van zijn moeder tot nervositeit en overactiviteit en daarnaast een organische stoornis van de hersenfunctie die haar oorzaak heeft in de zwangerschap en de geboorte en door onderzoeken bevestigd is. Dat biedt een verklaring voor zijn beperkte concentratievermogen en zijn rusteloosheid, zijn gebrekkige verfijnde motoriek (schrijven, tekenen), de verminderde beheersing van impulsen en verminderd sturingsvermogen. Dat dit kind op school volledig mislukte en zijn weerzin tegen prestatie-eisen steeds sterker werd, dat zijn toch al geringe gevoel van eigenwaarde steeds geringer werd, is geen noodzakelijk gevolg van deze aanleg. De manier waarop Steven op school begon, was al te belastend voor hem. Zijn aanvankelijke plezier in het leren verdween gauw door de chronische overbelasting. Successen, die elk kind nodig heeft, waren er niet. Hij werd steeds zenuwachtiger en labieler; ten slotte ontwikkelde hij zich tot een agressieve kwajongen, die door iedereen werd afgewezen.

De fouten en nalatigheden van de kant van de school zijn alleen mogelijk als ouders geen verzet aantekenen en de school blindelings vertrouwen, omdat ze de alternatieven niet kennen of niet met succes kunnen protesteren tegen wat er gebeurt.

> Het **bijzonder onderwijs** is voor de persoonlijkheidsontwikkeling van kinderen met leermoeilijkheden geschikter dan het reguliere onderwijs, waar ze door de vergelijking met goed lerende kinderen telkens teleurstellingen ervaren. In het bijzonder onderwijs kunnen deskundige pedagogen beter op de behoeften van de moeilijk lerende kinderen inspelen en meer rekening houden met het tragere bevattingsvermogen en het lagere denk- en werktempo; daarnaast maakt het geringere aantal leerlingen individueel onderwijs mogelijk.

Steven is ook sindsdien nog bij mij in psychotherapeutische behandeling. Hij komt elke week met zijn zuster en twee andere kinderen een uurtje 'spelen'. Daarbij worden in de vorm van rollenspelen alledaagse situaties op een speelse manier nagebootst, waarna hun gedrag wordt beoordeeld; eventueel wisselen ze tijdens het spel van rol. Steven weet meteen één van de spelers tot vriend te maken. Ik hoop van harte dat hij zich thuisvoelt in zijn nieuwe klas.

Maakt school iemand dus ziek? Zo ja, waardoor dan? En is dat per leerling te beïnvloeden? Zoals bekend zijn er sinds enkele tientallen jaren hervormingsbewegingen van de meest uiteenlopende aard, maar tot dusverre hebben alternatieve onderwijsvormen geen algemene instemming gekregen. Op grond van mijn inzicht in onderwijs en schoolpedagogiek ben ik van mening dat de kinderen iets geboden moet worden wat ze noch in hun gezin, noch in groepen met leeftijdgenoten, noch via de media krijgen. Dat is in de eerste plaats de **systematische instructie van leerstof in de vorm van planmatig onderwijs.** Daarbij moeten het denkvermogen en het geheugen zo worden aangesproken dat de kinderen zich steeds zelfstandiger nieuwe dingen eigen maken en ook leren te categoriseren. Uit de vloed van informatie moeten de kinderen het wezenlijke weten te halen, zich eigen maken wat zinvol is, en bijpassende voorstellingen van de wereld ontwikkelen. Het is de kunst van de pedagogiek een sfeer te scheppen waarin de kinderen gemotiveerd worden. Hoe dat het beste kan gebeuren, is een twistpunt tussen de verschillende onderwijssystemen.

Als de school dus in de eerste plaats een **geestelijke werkplaats** is, is het absoluut noodzakelijk dat het kind beschikt over een zekere mate van (zelf)discipline en over de vaardigheden om op te letten en te communiceren. Anders kan de school haar onderwijstaak niet verrichten. Voor deze **deeltaak in de socialisatie** (het opdoen van kwaliteiten die voor het leven in de maatschappij van wezenlijk belang zijn), die voor het latere beroepsleven zo belangrijk is, zou de schoolperiode korter kunnen worden. Het kind zou veel beroepsmatige vaardigheden tijdens de beroepsopleiding kunnen ontwikkelen. Dan weet de jongere ook waarvoor hij leert en wat hij er later mee kan doen.

> Het is een groot probleem dat in veel gevallen het gemiddelde cijfer dat op school behaald is (het eindcijfer), als criterium geldt voor toelating tot een vervolgopleiding. Talenten verdwijnen daarmee uit het zicht.

Zoals aan de ene kant de leerkracht over didactisch-methodische vaardigheden moet beschikken, is aan de andere kant bij de leerling een zekere wil om te leren onontbeerlijk. Als hij die wil om te leren, die geheel losstaat van zijn vermogen om te leren, niet bezit, is de school niet automatisch schuldig aan een eventuele mislukking. Daar kunnen vele redenen voor zijn. Is de leerling lui en onverschillig, dan zijn de consequenties voor hem. Het komt al te vaak voor dat de ouders hun arme kind, dat volgens hen ten onrechte lage cijfers krijgt, kritiekloos in bescherming nemen en de leerkracht verwijten maken. Tegenwoordig wordt voor het kind graag het recht opgeëist dat het als gelijkberechtigde partner wordt erkend, maar dat betekent ook dat het verantwoordelijkheid voor zichzelf draagt.

Zelfs een ervaren leerkracht lukt het niet altijd elke leerling tot leren aan te zetten; hij hoeft daarom niet het gevoel te hebben dat hij te kort schiet. Hij moet ook niet proberen een leerling met ziekelijke stoornissen zelf te genezen.

> De school is geen therapeutische instelling!

Als er een goede vertrouwensband bestaat tussen leerling en leerkracht en zij misschien als enige in vertrouwen is genomen, moet zij heel zorgvuldig nagaan hoe het kind geholpen kan worden zonder hem schade te berokkenen.

Het is naar mijn mening echter niet goed dat de op respect gebaseerde afstand tussen leerkracht en leerling wordt opgeheven, dat ze zich kameraadschappelijk gaan gedragen en elkaar gaan tutoyeren. De acceptatie van de leerkracht door de leerlingen is bepalend voor de sfeer in de klas, omdat de bereidheid om te leren en de discipline daarmee verbonden zijn. Deze acceptatie is gekoppeld aan houdingen als:

☐ gerechtigheid;
☐ inzicht;
☐ sympathie;
☐ interessante onderwijsvorm die verband houdt met de praktijk;
☐ regelmatige en eerlijke controle van de kennis.

Als een leerkracht dus op een gepaste manier de leerlingen stimuleert, onderlinge wedijver toelaat en eventueel nog gevoel voor humor heeft, kan school zelfs leuk zijn.

Leeftijdgenoten

Kinderen hebben meerdere relaties met groepen die zeer verschillend zijn. Ten eerste is er het gezin, waarin steeds een verschil tussen de volwassenen en de kinderen bestaat. Ten tweede zijn er de bijzondere verhoudingen met broers en zussen, waarin het leeftijdsverschil een rol speelt. En tot slot zijn er de speel- en interessegroepen, die meestal uitsluitend uit jongens of uit meisjes bestaan en waarvan kinderen vanaf het moment dat ze naar school gaan graag deel uitmaken.

Onafhankelijk daarvan is de schoolklas een groep leeftijdgenoten. Ook in voorschoolse instellingen zijn de kinderen vaak al in groepen ingedeeld, maar zowel daar als op school gebeurt dat steeds onder leiding van volwassenen.

We zullen nu de wederzijdse invloed van leeftijdgenoten bekijken, zoals die tussen het zesde en twaalfde jaar is waar te nemen. Naast het gezin spelen de groepen van ongeveer even rijpe en ervaren kinderen een zeer belangrijke rol in de ontwikkeling. Volgens de kinderen komen in het contact met leeftijdgenoten het samen spelen, het delen en de wederzijdse steun of ook de rivaliteit op de eerste plaats. Daarbij komen beslist ook gedragspatronen naar boven die de kinderen al in het gezin hebben geleerd. Maar omdat ze op betrekkelijk gelijkwaardig niveau met elkaar communiceren, gelden hier gedragsregels en waarden die specifiek voor de groep zijn. Er zijn rituelen, erecodes, beslissingsprocedures en taboes.

Om zelfstandig over deze relaties te kunnen onderhandelen moeten de leden van de groep al een zeker niveau bezitten waarop ze geen behoefte meer hebben aan de constante zorg en controle van ouders of andere volwassenen. Die rijpheid bezitten ze ongeveer op het moment dat ze naar groep drie van de basisschool gaan. Daarvoor is echter een zekere binding tussen ouders en kind in de vroege kinderjaren van groot belang, want ook nu blijven de ouders van betekenis als raadgevers, troosters en belangrijke schakels met de samenleving. Het is de kunst van de ouders enerzijds ondersteuning te bieden en anderzijds de toenemende zelfstandigheid van hun kinderen te respecteren.

In de groep leeftijdgenoten kunnen wederzijds begrip en samenwerking beter tot ontwikkeling komen dan in het gezin. Kritiek van leeftijdgenoten wordt meestal eerder geaccepteerd dan terechtwijzingen door de 'ouwelui'. Als ze bij de groep willen horen, moeten ze zich naar de normen voegen en kunnen ze niet elk moment hun zelfbeheersing verliezen en erop los slaan. Competente leeftijdgenoten fungeren voor de andere kinderen als model, waarvan ze nuttige **gedragsstrategieën** leren. Als bepaald gedrag succes oplevert, wordt het herhaald (positieve versterking); minder succesvol gedrag wordt voortaan nagelaten. Daarmee groeien de sociale vaardigheden van het kind, het krijgt meer zelfvertrouwen en het wordt minder afhankelijk van de waardering door zijn volwassen relaties.

Ik wil niet ontkennen dat in ongunstige omstandigheden ook negatieve groepsnormen tot stand kunnen komen. Als de leeftijdsverschillen groter zijn, worden de kinderen soms op een ongezonde manier afhankelijk van elkaar, waarbij machtsuitoefening en onderwerping een rol gaan spelen. Dat kan in extreme gevallen zelfs tot misdadig gedrag leiden.

Gewoonlijk praten de kinderen over onderwerpen die ze leuk of belangrijk vinden en die volwassenen niet serieus nemen, ontwijken of zelfs verbieden. Ze verzinnen streken, wisselen 'belangrijke' ervaringen uit, vinden moppen tappen leuk, drijven de spot met andere kinderen of volwassenen, ontdekken gevoelens voor het andere geslacht en bespreken taboeonderwerpen. De ervaringen in speelgroepen waarin de kinderen elkaar na schooltijd, in het weekeinde of de vakanties ontmoeten, doen ze beslist ook in de klas op. Ook daar is veel dynamiek. En of een kind graag naar school gaat of niet, hangt soms van deze groepsrelaties af. Verder bestaan er verbazend goed functionerende gedragsregels tegenover de leerkrachten; leerlingen tonen zich solidair als iets tegen hun gevoel van rechtvaardigheid ingaat. Agressieve of opschepperige groepsleden 'voeden ze op'. Vaak sluit een deel van de kinderen van een klas zich aaneen tot een speelgemeenschap, waarin ook andere kinderen op een ongedwongen manier opgenomen worden. Maar het komt ook voor dat kleine groepen binnen de klas op een negatieve manier overheersen, anderen hun regels proberen op te leggen en gewelddadig worden.

Het is een gevaar van deze tijd dat kinderen niet meer genoeg speelruimte krijgen die ze tot een zelfstandige sociale wereld kunnen ontwikkelen. De wereld van de volwassenen is in hoge mate dominant. Dat hangt samen met de commercialisering en rationalisering van ons leven en dat van onze kinderen. Kinderen worden door hun ouders doelbewust naar muziekles, sportschool of soortgelijke vorming gestuurd. Hun tijd is van minuut tot minuut volgepland, zodat ze er nauwelijks meer toe komen spontaan met andere kinderen te spelen. Dat gebeurt overigens met het goede voornemen het kind bijtijds een goede basis voor zijn latere loopbaan te geven.

> Veel ouders menen ook dat in kindergroepen die niet in de gaten worden gehouden, alleen kinderen spelen die weinig aandacht krijgen. Ze nemen de planning van de vrije tijd van hun kinderen in eigen hand of begeleiden hen persoonlijk overal naartoe, zodat het kind geen speelruimte meer heeft voor eigen beslissingen.

Daar komt de invloed van gewiekste reclame bij, die doelgericht op radio en televisie rondom kinderprogramma's wordt uitgezonden. Daarin worden kinderlijke neigingen en waarden zo gemanipuleerd, dat steeds nieuwe trends bij computerspelletjes, kleding, sport, speeltjes enzovoort in het denken van de kinderen en de groep een dominante rol vervullen en een dwingende invloed uitoefenen op wensen en gedragsvormen.

Groepen leeftijdgenoten blijven vaak jaren lang bestaan. Maar soms zijn het ook losse groepen, waarvan de leden met hun tweeën of drieën spelen, afhankelijk van hun interesse in bepaalde spelletjes in wisselende bezetting. Het hangt er ook van af of er geschikte ruimten zijn waarin meerdere kinderen plezierig kunnen spelen. Bij meisjes heeft deze variant de overhand, maar het komt ook voor dat twee meisjes een hechte vriendschap sluiten.

De dynamiek in de groepen hangt vooral samen met de leeftijd van de leden. Of een kind geaccepteerd wordt, is afhankelijk van verschillende factoren: het uiterlijk, de lichamelijke behendigheid, de intelligentie en de meerwaarde voor de groep. Het is gebleken dat die kinderen geliefd zijn die de behoeften en gevoelens van anderen onderkennen en erop ingaan. Zij kunnen voor een goed klimaat in de groep zorgen.
Daarnaast zijn er afgewezen of verwaarloosde groepsleden die meestal door hun gedrag opvallen. Ze zijn bijvoorbeeld bet-

weterig, zoeken ruzie, scheppen op of zijn onberekenbaar en agressief. **Verwaarloosd** noemen we kinderen die door de groep 'over het hoofd' worden gezien of worden uitgestoten, bijvoorbeeld verlegen kinderen, 'saaie' kinderen en kinderen met een lichamelijke of geestelijke handicap. Het komt ook voor dat een groep meerdere populaire kinderen telt, die elkaars rivalen zijn. Maar in de meeste gevallen hebben ze een goed contact of zijn ze zelfs met elkaar bevriend. De afgewezen en verwaarloosde kinderen daarentegen vormen zelden een hechte groep. Ze hebben over het algemeen minder speelkameraden en als dat wel zo is, zijn het meestal kinderen die eveneens zijn afgewezen of van een andere leeftijd zijn. Vanwege hun geringere contacten hebben ze minder kans om sociaal gedrag aan te leren dat bij hun leeftijd past. Ook al vinden ouders het nog zo vervelend als hun kind wordt buitengesloten, ze kunnen er geen directe invloed op uitoefenen. Het zou het aanzien van het kind eerder schaden dan goed doen als ze zouden proberen in te grijpen. Toch moeten we in de groep redenen voor de afwijzing zien te vinden; des te gemakkelijker is het kind te helpen bij het verhogen van zijn aanzien door zijn gedrag of uiterlijke oorzaken te veranderen. Misschien wordt het kind uitgelachen omdat het in groep zes nog naar school wordt gebracht of omdat het meteen begint te huilen als iemand het voor de gek houdt. Misschien heeft het kind zichzelf geïsoleerd omdat het anderen geregeld heeft verklikt. Of het probeert bij de leerkracht in een goed blaadje te komen, is overdreven eerzuchtig en beweterig. Soms zijn er ook situaties waarin een kind buiten zijn schuld tijdelijk in een isolement komt. Ook onder kinderen kan pesten voorkomen, bijvoorbeeld door een bepaald kind dat intrigeert of een grote geldingsdrang heeft. Maar omdat dat vrij zelden voorkomt, moeten de ouders de schuld niet meteen bij de anderen zoeken. Ze helpen hun kind meer als ze de echte reden proberen te achterhalen, eventueel geholpen door de waarnemingen van een ervaren pedagoog. Het idee om het kind naar een andere school te sturen of zelfs te verhuizen teneinde het probleem op te lossen, blijkt vaak een vergissing omdat bepaalde gedragspatronen van het kind ook in de nieuwe groep worden afgewezen.

We horen de laatste jaren vaak het woord **peer**. Niet elke leeftijdgenoot is een peer, maar alleen diegene die als speelgenoot wordt geaccepteerd. De leden van een groep peers delen interesses en beïnvloeden elkaar heel sterk.
Vriendschap valt niet buiten deze relaties van leeftijdgenoten, maar vult die aan. Vriendschap is meer op de persoon gericht. Terwijl jongere kinderen iedereen met wie ze leuk spelen en alles delen, nog als vrienden beschouwen, onderscheiden ze relaties later steeds meer naar kwaliteit. Bij vriendschap horen vertrouwen en steun. Dat moet van twee kanten komen. Dat sluit onderlinge wedijver niet uit. Conflicten tussen vrienden kunnen hoger oplopen dan tussen kennissen. Peerrelaties zijn ook geen voorstadium van vriendschap, maar ze kunnen wel duurzaam zijn, vooral als er gemeenschappelijke interessen op een bepaald gebied zijn.
Als kinderen van hun peers of zelfs van hun vrienden worden gescheiden, is dat verlies vaak net zo pijnlijk als wanneer een vertrouwd familielid overlijdt. Dat moeten ouders vooral in de latere kinderjaren beseffen voordat ze besluiten te verhuizen.
Ik heb een paar keer oudere schoolkinderen in behandeling gehad, die zwaar leden onder een dergelijke overgang. Vaak liggen in een nieuwe omgeving de betrekkingen tussen leeftijdgenoten al vast. Kinderen die voor een nauwere band in aanmerking zouden komen, hebben al vaste contacten en daardoor kunnen afhankelijk van het temperament depressieve stemmingen opkomen, afgewisseld door gevoelens van eenzaamheid. Af en toe komt het ook tot zware concurrentiestrijd, die het gevoel van eigenwaarde van de verliezer ernstig kunnen aantasten.
Hoe belangrijk de groepen van leeftijdgenoten ook voor de ontwikkeling van het kind zijn, er zitten ook gevaren in die ik niet wil verzwijgen. Veel ouders zien daarin een reden om hun kind zulke contacten te verbieden. Groepen hebben een eigen dynamiek, die natuurlijk door enkele dominante leden wordt bepaald. Daarom is het belangrijk dat zulke groepen uit 'gelijken' bestaan. Als een meisje van twaalf zich aansluit bij een groep van veertien- tot zestienjarigen, kan dat proble-

matisch worden, omdat daarin heel andere interessen leven ten aanzien van uitstapjes in de avonduren of van relaties. Als een kind in een groep terechtkomt waarvan het waardenstelsel afwijkt van de algemeen erkende waarden, kan het – zoals we al vermeld hebben – snel in een noodlottige spiraal belanden. Dat is echter afhankelijk van de volgende vragen.

☐ Hoe groot is de behoefte van het kind aan erkenning door de groep?
☐ Welke waarden en normen heeft het zelf?
☐ Zoekt het geborgenheid die de groep kan geven?
☐ Hoe stabiel is zijn persoonlijkheid?
☐ Hoe goed en stevig zijn de familiebanden?

Vertrouwen is van groot belang voor de ontwikkeling van het kind tot een zelfbewust mens die kan oordelen. Vertrouwen moet echter in een wederzijds proces ontstaan en in de verschillende ontwikkelingsfasen worden beproefd en gerechtvaardigd. In een harmonisch gezin kunnen ouders hun kinderen zonder veel angst (een beetje bang mag je wel zijn) aan een steeds langere lijn loslaten.

Als een kind in een groep is verleid tot handelingen die schadelijk voor hem zijn, of het nu diefstal, joyriding of contact met drugs enzovoort is, kun je het niet meer aan het kind of de jongere zelf overlaten weer vaste grond onder de voeten te krijgen. Dan moeten de ouders snel en consequent handelen om de vaak sterke invloed van een dergelijke groep of van enkele leden uit te schakelen. Aan de andere kant kun je opgroeiende jonge mensen niet vanaf het begin isoleren om hen tegen mogelijke gevaren te beschermen.

Invloed van de media

Een medium is niets meer dan een middel. De technische media zijn communicatiemiddelen, waarmee een groot aantal mensen te bereiken is – tot in hun woonkamer. De mediatechniek is op zich neutraal, maar via haar worden boodschappen, informatie, houdingen en trends doorgegeven. De media zijn een onmisbaar onderdeel van onze omgeving geworden. Wat ze ons dagelijks aanbieden, beïnvloedt en vormt ons denken en handelen, ook als we ons dat niet altijd bewust zijn of het niet willen toegeven. De verhouding tussen het individu en de gemeenschap, zijn sociale gedrag, wordt steeds meer door de media bepaald. In hoeverre deze beïnvloeding positief of negatief uitwerkt, is nog steeds omstreden.

Als we over de massamedia praten, denken we in de eerste plaats aan de **televisie**, misschien ook aan de **videomarkt**. Televisie- en videoproducties oefenen op jongeren (en niet alleen op hen) een grote aantrekkingskracht uit, omdat ze oog en oor in gelijke mate aanspreken en door de nabije werkelijkheid – ook al is die vaak schijnbaar – de ervaringswereld van de mens verruimen. Bij de televisie zitten we, zoals dat heet, 'op de eerste rij' en zijn we in zekere zin persoonlijk aanwezig bij een openluchtconcert, een interlandwedstrijd of een ramp. Slechts weinig mensen zijn zich ervan bewust dat hun visie door de verslaggever wordt bepaald. Ook fictieve levenssituaties en oplossingen van problemen in televisieseries en films worden gemakkelijk als werkelijkheid gezien. De zo opgedane 'ervaringen' en 'belevenissen' worden aan de eigen echte ervaringen toegevoegd, ermee vergeleken of versmolten. Ze hebben een vormende invloed op de eigen levensstijl, de eigen meningen, houdingen en gedrag. Dat is met name het geval bij kinderen en jongeren, die nog weinig ervaringen hebben.

Ook de **auditieve media** (radio, cassettes en cd's) spelen met name bij jongeren een belangrijke rol. Ze geven niet alleen muziek weer, maar wekken ook een levensgevoel op, dat weer effect heeft op het persoonlijke gedrag in het dagelijks leven.

De **gedrukte media** hebben invloed in de vorm van kranten, tijdschriften en strips; boeken zijn steeds minder geliefd onder jongeren en verliezen steeds meer invloed.

Bioscoop en **theater** hebben zowel in aantal als in invloed op het individu misschien vrij weinig te betekenen, maar juist de bioscopen kennen de laatste jaren weer een grotere toeloop.

Ik wil nog de **koppelingen tussen de media** noemen, die

steeds doelgerichter op alle gebieden van het leven doorwerken. Een voorbeeld zijn de 'dino's', die niet alleen in een film en in televisieseries, maar ook als legpuzzel, speelgoedbeest, blokkendoos, button, poster of T-shirtopdruk het denken en voelen van vele kinderen aanzienlijk beïnvloeden.
En ten slotte heeft ook de **computer** de laatste jaren niet alleen de werkplek, maar ook – vooral met interactieve spelletjes – de kinderkamer veroverd.
Omdat de massamedia niet meer uit de samenleving zijn weg te denken, moeten we ze gebruiken, maar zonder de gevaren te onderschatten die er met name voor opgroeiende mensen zijn. Dat is gemakkelijker gezegd dan gedaan, want de meningen over nut en nadeel van de media en hun invloed lopen zeer sterk uiteen.

Voorbeeld Een collega van me kwam me om raad vragen. Haar zoon Rolf is tien jaar. Ik had hem wel eens gezien. Het is een tengere jongen, die al lang een bril draagt en vlug van begrip lijkt. Mijn collega vond dat hij de laatste tijd erg veranderd was. Als hij vroeger uit school kwam, had hij altijd iets te vertellen gehad: over een klasgenote die een 0 voor wiskunde had gekregen, of over een jonge leraar die de meisjes in verlegenheid hadden gebracht door hem te vragen of hij een vriendin had. Rolf schaakte vroeger ook graag met de familie Rommé en met zijn vader. Ook de weekeinden bracht hij graag samen met zijn ouders door.
Dat was nu allemaal veranderd. Hij zegt nauwelijks meer iets tegen zijn ouders, reageert alleen nors en kortaf op vragen, heeft geen zin meer in spelletjes met anderen en wil ook in het weekeinde het liefst thuisblijven om met zijn computer te spelen.
Nadat hij bij een schoolvriend computerspelletjes had gespeeld, zeurde hij net zo lang tot zijn vader een eigen wensdroom vervulde en een computer in huis haalde. Voor zijn zoon bracht hij meteen de nodige software mee. Sindsdien heeft Rolf 'vierkante ogen' omdat hij elke vrije minuut voor het apparaat zit en daarmee bijna be-

ter overweg kan dan zijn vader. Zijn zakgeld spaart hij op totdat hij een nieuw computerspelletje kan kopen, liefst één met veel knokpartijen, waarin je met enige behendigheid de boosdoener kunt uitschakelen en je je een overwinnaar kunt voelen.

De collega zei dat ze de indruk had dat Rolf daarmee mislukkingen tijdens de gymnastiekles of nederlagen bij ruzies met sterkere scholieren compenseert. Soms reageert hij zo heftig op de computer dat anderen hem dan niet durven aanspreken. Aan de andere kant werkt hij, als hij in een rustige stemming is, ook met tekstverwerkingsprogramma's en rekenprogramma's (bijvoorbeeld voor zijn huiswerk) en beleeft hij er plezier aan als hij nieuwe mogelijkheden van een programma heeft ontdekt. Maar hij onttrekt zich steeds meer aan de vertrouwelijke gesprekken binnen het gezin en hij vertoont vrijwel geen emotionele reacties meer als er iets droevigs of leuks gebeurt. Hij is in zekere zin vervreemd van de mensen in zijn omgeving. Zijn prestaties op school zijn echter nog beter geworden.

Wat voor advies moest ik mijn collega geven? De ontwikkeling is nog te nieuw om geldige conclusies te trekken en positieve en negatieve effecten tegen elkaar te kunnen afwegen. We hebben in korte tijd een **computermaatschappij** tot stand gebracht. Kinderen kunnen vaak sneller met deze fascinerende techniek overweg dan hun ouders. Ze spelen met de computer en maken er steeds vaker hun huiswerk op. Veel kinderen vinden het leuk te spelen met kleuren en vormen, bezig te zijn met presentaties en geluidsbewerkingen en tegen de computer te schaken. Kinderen leren er snel mee om te gaan, omdat de computer strakke logische regels volgt. Ongetwijfeld stimuleert de computer het logische denkvermogen. Zijn geheugencapaciteit is ook veel groter dan die van de mens. En hij laat zich bij het trekken van conclusies niet hinderen door gevoelens. Hij is niet meer weg te denken uit de samenleving en het bedrijfsleven. Veel succesvolle geneeswijzen zijn met behulp van computertechniek ontwikkeld. De computer ondersteunt en varieert vele andere therapieën, bijvoorbeeld bij geheugentraining.

> Maar is de computer niet ook gevaarlijk voor de ontwikkeling van onze kinderen? Kinderen die veel tijd voor de computer doorbrengen, worden minder geconfronteerd met het echte leven en doen minder ervaringen op in de dagelijkse omgang met speelkameraden. Hun eigen gedrag kan zich minder in wederzijds contact ontwikkelen, het beperkt zich in het uiterste geval tot logische formules. De plaats van de echte wereld met haar talloze indrukken, gevoelsreacties, onvoorspelbare gebeurtenissen en de ervaring en mensenkennis die daarop berusten, wordt ingenomen door een schijnwereld, waarin alles met logische regels maakbaar is.

Wie deze regels beheerst, is overwinnaar, is machtig, kan beslissingen nemen, krijgt van niemand kritiek. Voor de computer – en geleidelijk alleen nog maar daar – voelt zo iemand zich zeker, terwijl hij in het echte leven steeds onzekerder wordt en de omgang met andere mensen vermijdt. Dat leidt onvermijdelijk tot een sociaal isolement, waartoe zonder deze techniek ook al neigingen bestaan. Het menselijk contact blijft steeds meer achterwege en ook de ideeënwereld wordt steeds kleiner omdat ze in de datatechniek tot het louter meetbare wordt teruggebracht.

Door de intensieve omgang met de computer kan het realiteitsbesef van de jongere geringer worden, het echte leven met zijn wederzijdse beïnvloedingen wordt steeds meer afgewezen. De jongere voelt zich prettiger in de rationele wereld, die ook meer zekerheid biedt. Het denken volgt formele regels zonder te letten op de vele varianten door gevoelens, vergissingen, zwakke plekken. Ook de taal wordt door deze jongeren ingeperkt, gevoelens komen niet meer gedifferentieerd naar boven en kwijnen weg. De jongeren ontwikkelen stereotiepe gedragspatronen, de verscheidenheid aan gedragsvormen die in de dagelijkse omgang met mensen wordt verworven, gaat verloren of komt niet eens tot stand als kinderen al heel vroeg al hun vrije tijd voor de computer doorbrengen. Wat we 'levenswijsheid' noemen, in onderscheid met feitenkennis, is moeilijker te verwerven omdat elke computerweergave abstract en dus wereldvreemd is. Daardoor wordt het eigen kunnen overschat.

Een goed voorbeeld is computertennis, waarbij degene wint die beter op het beeldscherm reageert. Is het geen ongezonde ontwikkeling als ons lichaam, onze zintuigen en gevoelens verwaarloosd worden?

Voor de invloed die computerspelletjes inhoudelijk op ons uitoefenen, geldt hetzelfde als bij televisiefilms. Het gaat voornamelijk om strijd tegen en vernietiging van andere wezens, met daarbij nog het gevoel de 'held' te zijn. Computerspelletjes die geweld verheerlijken, fascistisch of pornografisch van inhoud zijn, zijn weliswaar verboden, maar de zeer winstgevende handel in deze spelletjes is niet te controleren.

> Wees daarom voorzichtig: bruut geweld wordt vaak als enige mogelijkheid gezien om een bepaald doel te bereiken en wordt daarom door jongeren in hun gedragsrepertoire opgenomen.

Naast de psychische ontwikkelingsstoornissen, die later misschien niet meer te corrigeren zijn, ontstaan door urenlange dagelijkse computerspelletjes – nog meer dan door televisie – lichamelijke stoornissen zoals nervositeit, slaapproblemen, concentratiestoornissen en tics.

Omdat het spel belangrijk is voor de ontwikkeling en zelfontdekking van het kind, bepalen deze computerspelen mede hoe de kinderen nu en in de rest van hun leven met elkaar kunnen omgaan. De ervaring wijst overigens uit dat het geen zin heeft een kind dat 'aan de computer verslaafd' is, te verbieden met zijn lievelingsspeelgoed te spelen. Het zal dan andere manieren zoeken en vinden. Het is zinvoller zijn creativiteit uit te dagen. Laat uw kind zelf dingen bedenken en uitvoeren, die het dan aan anderen kan laten zien of horen, wat het weer stimuleert tot contacten met mensen. Misschien is dan één 'computerloze' dag per week af te spreken en krijgt het interesse voor een – misschien wel ongebruikelijke – tak van sport, waarvan de resultaten onder andere op de computer zijn vast te leggen. In elk geval moet men met veel inlevingsvermogen een weg tot elkaar en niet van elkaar zoeken. Soortgelijke problemen en opvallende gedragsvormen zijn waar te nemen bij kinderen die constant voor de televisie zitten. Ook daarvoor (of daartegen) bestaan nog geen kant-en-klare en doeltreffende recepten: er zijn nu eenmaal zeer uiteenlopende, zelfs tegenstrijdige meningen over het nut en de schade van televisiekijken voor de gedragsontwikkeling van het kind.

Ons hele leven is in de afgelopen dertig jaar door de televisie veranderd. Terwijl avonden vroeger gelegenheid boden in gezinsverband of vriendenkring samen te komen, met elkaar te praten, gezelschapsspelletjes te doen, muziek te maken, te lezen, naar de radio te luisteren, iets in elkaar te zetten en dergelijke, brengen tegenwoordig veel gezinnen hun vrije tijd voor de televisie door. Ze consumeren op een avond – behalve allerlei zoetjes en zoutjes en alcoholische dranken – een zeer bonte mengelmoes van allerlei programma's, zonder op welke manier dan ook actief of zelfs creatief te hoeven zijn. Ze zijn in elk opzicht consument. Ze vinden dat ze voor hun kijk- en luistergeld iets bijzonders mogen verwachten. Maar krijgen ze echt iets wat blijft hangen als verrijking, als nuttige informatie, inzicht of culturele vorming?
Alle massamedia leggen zich toe op twee soorten program-

ma's: **informatie** (politiek, weer, sport, gezondheid, landen en mensen, natuur en dieren, praatprogramma's enzovoort) en **amusement** (muziek, toneel, variété, shows, spelletjes en vooral speelfilms). Veel mediamakers proberen elementen uit informatie en amusement te combineren om zowel het ene als het andere publiek te lokken. De verdeling daarvan en het zwaartepunt liggen bij elke zender en omroep anders, evenals de productiewijze en de keuze van de inhoud en de teneur.

Informatieve programma's doen over het algemeen alsof ze objectief zijn, maar dat zijn ze zelden, want op het beeldscherm zien we nooit alles, maar alleen datgene wat de programmamakers gekozen hebben. Al bij de opnamen, bij de nabewerking of het inspreken van het commentaar staan ze voor het probleem dat ze rekening moeten houden met de verwachtingen van hun opdrachtgever. Wij, die voor de buis zitten, hebben echter het gevoel dat we 'erbij zijn geweest' en op grond daarvan een oordeel kunnen en mogen vellen. Dus stemmen we ons gedrag erop af.

Amusementsprogramma's en speelfilms daarentegen nemen – op een enkele uitzondeing na – de kijker mee naar schijnwerelden, waarin mensen geen echte zorgen kennen, altijd glimlachen en vaak een auto of een droomreis winnen. Hier wordt liefde min of meer tot seks gereduceerd, worden zeer doorzichtig in elkaar gezette intermenselijke problemen 'heel natuurlijk' met grof geweld opgelost – zoals we dat kennen van thrillers, westerns, actiefilms, misdaadfilms, fantasy-, horror- en science-fictionproducties.

Wat zo verbazend is, is het feit dat de toeschouwer zich met de handelende personen identificeert, hoewel hij weet dat alles maar gespeeld wordt. Hij juicht en huilt met zijn 'helden', beleeft de schijnwereld als realiteit en voegt haar voor een deel bij zijn eigen ervaringen. Afhankelijk van de rijpheid en de levenservaring worden zulke gedragspatronen gekopieerd of minstens in het eigen gedragsrepertoire opgenomen.

Het lijdt geen twijfel dat televisie kan bijdragen aan de algemene ontwikkeling. Mede dankzij de talloze Engelstalige programma's (in het Nederlandse taalgebied wordt nagenoeg niets nagesynchroniseerd) spreken kinderen een aardig mondje Engels. Televisie beïnvloedt, verandert en vormt houdingen, meningen en oordelen en zodoende ons totale gedrag. In welke mate dat gebeurt, hangt van de rijpheid en stabiliteit van iemands persoonlijkheid af, dus ook van de leeftijd en de ontwikkeling. Als een mens eigen ervaringen heeft, bijvoorbeeld met de gecompliceerdheid van een liefdesrelatie, zal hij de sterk verkorte, vaak primitief uitgebeelde 'liefde' in een televisiefilm niet als norm beschouwen. Maar dat is precies wat er met een jongere kan gebeuren, als hij geen alternatief heeft voor het cliché op de buis. Kinderen en jongeren, die nog sterker dan volwassenen in een ontwikkelingsproces zitten, ondergaan onvermijdelijk een vormende invloed van de media. Dat is echter geen onafhankelijke grootheid, maar staat net als alle andere invloeden op mensen in relatie tot de andere factoren zoals het gezin, de groep leeftijdgenoten en vrienden, school, later de wereld van werk en vrije tijd en natuurlijk ook de eigen aanleg.

Hoeveel invloed iemand van de media ondergaat, is al heel wat keren onderzocht. Samenvattend kunnen we er het volgende over zeggen.

☐ Als kinderen en jongeren ervaringen opdoen met gezinsleden en leeftijdgenoten en niet overdreven veel naar de televisie kijken, kunnen ze wat ze zien en horen bijvoorbeeld als stimulans in hun spel gebruiken; ze gebruiken de inhoud ervan in hun dagelijks leven. Daarbij filteren ze, identificeren zich met het ene, vinden iets anders 'stom' en wijzen het af. Ze ontwikkelen **vaardigheid** in de omgang met de media. Ze slaan mediabeelden in zich op, ook als ze geen enkel verband houden met hun eigen realiteit; die beelden gaan deel uitmaken van hun wereldbeeld, zonder nagebootst te worden.

☐ Soms zijn televisie en gezin in het dagelijks leven met elkaar verweven; ook het gezin gebruikt **de televisie om het leven beter aan te kunnen**. De televisie is het uiterlijke kader dat het gezin bijeenhoudt. Elke avond treffen de leden

elkaar voor het toestel, ze krijgen allemaal dezelfde informatie, ze lachen samen, zitten samen te huiveren van angst, duimen voor iemand, maar schelden en huilen ook. Het kind ziet niet alleen mensen op de buis, die zijn gedrag mede vormen, maar ook de reacties van de ouders, die dan geïmiteerd of afgewezen worden.
- De televisie draagt **gespreksonderwerpen** aan: 'Hebben jullie gisteravond ... gezien?', maar vaak ook **opvoedkundige problemen**: 'Jonathan mocht gisteren tot het einde van het programma kijken, zijn ouders zijn niet zo gemeen als jullie!' Het gevaar bestaat echter ook dat de vorming van het beoordelingsvermogen, de smaak en het onderscheidingsvermogen genivelleerd worden, omdat de middelmaat in het programma-aanbod overheerst, qua inhoud, taal, gevoelens en artistieke vormgeving.
- Onderzoeken hebben uitgewezen dat **gewelddadige taferelen** alleen worden nagebootst als de voorbeelden op televisie overeenkomen met alledaagse ervaringen en de eigen gedragsstructuren, als dus bijvoorbeeld jongeren ook thuis geweld meemaken of geen regels hebben geleerd waarmee ze agressieve impulsen kunnen beheersen. Met name als het om geweld in de media gaat, zijn er verschillende hypothesen, die elkaar tegenspreken. Terwijl bijvoorbeeld de één ervan uitgaat dat geweld rechtstreeks tot nabootsing aanzet en dus geïmiteerd wordt, zegt de ander dat het zien van geweld kan dienen om de eigen agressieve impulsen af te reageren. Volgens weer een andere hypothese leidt de voortdurende confrontatie met geweld tot gewenning, tot afstomping.
- De **invloed van de massamedia**, vooral van de televisie, hangt natuurlijk af van hun relatie tot de andere sociale factoren, met name het ouderlijk huis. Toch moeten we zelfs bij stabiele sociale verhoudingen de macht van de media over een kind niet onderschatten. Terwijl de ouders uit liefde en plichtsgevoel al het mogelijke voor hun kinderen doen (een altruïstisch motief), zijn er bij de massamedia belangengroepen met zuiver egoïstische motieven. Het gaat daarbij om een geraffineerd uitgekiend systeem waarmee

mensen gemanipuleerd kunnen worden. Dat wordt vooral bij verkiezingen heel duidelijk, als bijvoorbeeld één en dezelfde persoonlijkheid door de één als sympathieke dieren- en kindervriend zonder smet of blaam, met hooguit 'aandoenlijke' kleine zwakheden, wordt voorgesteld, terwijl hij voor de ander vrijwel uitsluitend uit karakterfouten en mislukkingen bestaat. Zoals we weten heeft elk ding altijd twee kanten; we kunnen ons tot één kant beperken zonder daarbij openlijk te liegen. Veel kranten brengen alleen abnormale gebeurtenissen, die als 'sensationeel' op de voorpagina worden gezet. Daarbij gaat het uitsluitend om de verhoging van de omzet. Voor kinderen en jongeren bestaat de wereld daardoor alleen uit een verzameling ongelukken en wreedheden. (Normale dingen zijn nu eenmaal niet het vermelden en uitzenden waard.) Gesprekken in gezinsverband kunnen zorgen voor relativering en oriëntering.

☐ Een klassiek voorbeeld van **manipulatie** is reclame, waarvan de uitwerking heel nauwkeurig is gericht op de ontvanger. Omdat er een directe relatie bestaat tussen het aantal kijkers met hun wensen enerzijds en de verkoop van producten en de winst van de fabrikant (die de reclame betaalt) anderzijds, wordt reclame bij voorkeur aan programma's met hoge kijkcijfers gekoppeld. De televisie en alle andere massamedia richten zich dus in verregaande mate op de smaak van de meerderheid (om verkocht te worden).

☐ Of en hoe pogingen om via de massamedia meer vorming, menselijkheid, cultuur en verdraagzaamheid te verspreiden succes zullen hebben, kan niemand op dit moment zeggen. Maar de kansen lijken niet erg groot. Desondanks zijn de media een vast bestanddeel van onze gemechaniseerde wereld geworden, dat alle gebieden van ons leven doordringt. We kunnen de media wel afwijzen maar niet meer negeren. Als we de technische en maatschappelijke ontwikkelingen van de afgelopen jaren bekijken, kunnen en moeten we erop rekenen dat de media nog meer aan belang zullen winnen. Ze zullen het leven van ieder mens afzonderlijk en daarmee zijn maatstaven en zijn gedrag in de samenleving vorm geven.

Problemen die iedereen waarneemt

Het overactieve kind

Voorbeeld Jessica, een heel slank blond meisje, wordt door haar moeder bij mij gebracht omdat ze steeds meer irritatie bij de nieuwe onderwijzeres oproept. Ze heeft constant kritiek op Jessica. Elke dag schrijft ze iets in het klassenboek en ze verwacht van de ouders dat die 'iets doen'. Vaak heeft het meisje iets vergeten, soms praat ze hard en gaat van haar plaats af, dan zit ze weer te dromen en weet niet wat er gezegd is. Jessica zit nu in groep zes. Ze heeft een paar vriendinnen op school en is populair. Ook met de onderwijzeres kon ze goed opschieten. Sinds een paar weken heeft een andere onderwijzeres de klas overgenomen en Jessica heeft helemaal geen zin meer om naar school te gaan. Haar prestaties zijn zeer wisselend. Op 'goede dagen' heeft ze goede cijfers, maar op haar rapport stonden vieren en vijven. Haar moeder zegt dat Jessica alles kan als ze thuis zit te leren, maar op school maakt ze zoveel fouten door slordigheid dat ze meestal een dikke onvoldoende krijgt, vooral als het proefwerk aan het eind van de ochtend gemaakt wordt. In de eerste één tot twee uur is ze niet zo druk en kan ze nog goed opletten. Maar als ze steeds minder oplet en onrustig wordt, waarschuwt de onderwijzeres haar met de woorden: 'Je kunt opletten, als je maar wilt. Doe je best eens. Of wil je dat ik kwaad word?' Tot voor kort ging Jessica graag naar school, ook al was ze wel eens verdrietig over een slecht cijfer. Nu voelt ze zich onrechtvaardig behandeld, klaagt sinds kort 's ochtends over hoofdpijn en huilt vaak als ze uit school komt. Thuis is ze constant in de weer. Ze fietst met haar vriendin, helpt haar moeder in de tuin, doet graag boodschappen met haar. Ze speelt ook intensief met poppen en maakt vele kleurige schilderingen. Daarbij praat ze aan één stuk door, springt op, haalt iets, scharrelt met van alles en nog wat en lacht opgewekt. Haar kamer ziet er 's avonds meestal uit als een slagveld. In haar eentje lukt het haar niet iets af te ronden. Haar moeder, een rustige, vriendelijke vrouw, helpt haar, maar neemt haar niet al het werk uit handen. 'Ze moet leren op te ruimen, later loopt ook niemand de spullen achter haar op te rapen.' Haar moeder heeft de gewoonte aangenomen om, ook als ze thuis is, de taken die Jessica moet verrichten voor haar op te schrijven. Voor kleine taken in het huishouden (haar moeder werkt halve dagen) is er een prikbord. Vroeger vergat Jessica alles en daar was ze heel verdrietig over, omdat ze steeds op haar kop kreeg en woorden als 'onbetrouwbaar' vielen. Onbetrouwbaar wil ze in geen geval zijn. Ze geniet ervan als ze alles goed heeft gedaan en een compliment krijgt.

Op de vraag sinds wanneer Jessica zo overactief is, antwoordt haar moeder: 'Dat is ze altijd geweest. Al in mijn buik trappelde en stompte ze, alsof ze er eerder uit wilde. Ze werd zonder enige complicatie geboren, dronk goed (ik heb haar zes maanden de borst gegeven), was als zuigeling al heel levendig, steeds opgewekt en vriendelijk. Ze leerde ook eerder lopen en praten dan haar oudere broer. Als je met haar de deur uit ging, moest je haar goed in de gaten houden, want ze had de neiging om heel onverwachte dingen te doen. Bij vrienden plukte ze een keer alle bloemen in de tuin. Ze is ook een keer in het water gevallen omdat ze te ver naar voren boog (ze had geen natuurlijke angst voor het onbekende). Het is vaak voorgekomen dat ze mijn hand losliet als we ergens liepen. Dan had ze plezier in onze schrikreactie. Het was ook moeilijk haar bijvoorbeeld bij het aankleden of het eten een beetje orde bij te brengen. Altijd deed ze tussendoor iets anders en ze liet zich gemakkelijk afleiden. 's Avonds wilde ze nooit naar bed. Als ze een keer langer mocht opblijven, was ze de volgende ochtend nog moe en nog sneller afgeleid. Daarom hebben we de gewoonte ontwikkeld 's avonds samen een spelletje te doen waar ze lichamelijk moe van wordt. Dat doet ons allemaal goed. We letten erop dat we haar altijd maar één ding tegelijk duidelijk maken of opdragen. Anders raakt ze helemaal in de war en brengt niets tot stand.' Haar broer is heel anders. Hij is rustiger en kan lang achter elkaar met één ding bezig zijn.

Haar vader, die ingenieur is en een goede betrekking heeft, is een gezellig en opgewekt man. In het weekeinde ondernemen ze vaak dingen. Maar dan wordt hij ook snel zenuwachtig, vooral als meerdere dingen vlug gedaan moeten worden. Dat hij in zijn werk zo goed is, is een kwestie van ijzeren training. Als het thuis een chaos is, weet haar moeder veel tegenwicht te bieden. In de opvoeding is zij meer verantwoordelijk voor het dagelijks functioneren, hij meer voor de uitstapjes. Zijn ouders zeggen dat hij als kind veel op Jessica leek.

Op Jessica zijn enkele zeer **typerende gedragsvormen** van het 'hyperkinetische kind' van toepassing. Ze is bijvoorbeeld lichamelijk heel actief, maar weet zonder hulp van anderen zelden iets af te ronden omdat ze zich gemakkelijk laat afleiden. Ze is impulsief, doet soms dingen zonder erbij na te denken en brengt daarmee zichzelf en haar ouders in een pijnlijke situatie. Ze is zenuwachtig, snel geïrriteerd, slaapt vaak slecht en bijt op haar nagels. Dat er thuis geen grotere stoornissen en conflicten zijn, zoals bij zulke kinderen vaak het geval is, hangt samen met de sfeer in dit gezin. De evenwichtige, slimme moeder heeft met veel begrip voor Jessica's eigenaardigheden een kader gecreëerd dat voor Jessica te overzien is en waarin ze zich veilig kan bewegen. Haar moeder weet dat het geen kwade wil van het meisje is, maar ook niet de schuld van de moeder moet zijn als er eens iets verkeerd gaat. Ze geeft opdrachten, controleert of ze gedaan worden, steunt haar dochter en bemoedigt haar. Meestal lukt het haar rustig te blijven. Daarbij is het zeker gunstig dat zij en haar man een harmonisch huwelijk hebben, dat ze plezier in haar werk als bibliothecaris heeft en zich daarin ook gewaardeerd voelt.

In de peuteropvang, op de basisschool of thuis vallen veel kinderen op door rusteloos en overactief (hyperkinetisch) gedrag. Daar kunnen vele oorzaken aan ten grondslag liggen. Vaak ligt het aan de verhoudingen in het gezin waarin de kinderen opgroeien. Daar zijn dan meestal geen regels waaraan het kind zich moet houden. Iedereen komt en gaat wanneer hij wil. De ene keer wordt het kind zwaar gestraft voor iets – misschien met slaag – maar de andere keer gebeurt in dezelfde situatie helemaal niets.

Deze **opvoedingsstijl** noemen we inconsistent, dus **onstandvastig** en niet te voorspellen. Omdat de ouders vaak door hun eigen problemen in beslag worden genomen, krijgt het kind te weinig aandacht. Het kind wordt nauwelijks in de gaten gehouden, het weet niet waarop het zich moet of kan instellen, wat het nu eigenlijk mag en wat niet, of het zich goed heeft gedragen of niet. Er wordt voor het kind geen kader uitgezet, waarin het zich geborgen kan voelen. Daarbij komt vaak nog oververmoeidheid door slaaptekort, het wordt te laat naar het kinderdagverblijf of de school gebracht, krijgt weinig steun bij het huiswerk maken enzovoort, omdat de ouders daar geen belangstelling voor hebben of zelf hulp nodig hebben.

Deze omstandigheden zijn moeilijk te beïnvloeden. Het is echter een wijdverbreid misverstand dat gedragsstoornissen altijd aan de opvoeding van de ouders te wijten zouden zijn. Net als bij Jessica zijn er veel 'heel normale' gezinnen waarin een kind (ook als er broers en zusjes zijn betreft het vaak maar één kind) nerveus, onrustig en overactief is en weinig doorzettingsvermogen heeft. Daarbij zijn de ouders, maar ook het kinderdagverblijf en de school heel vaak niet op zulke kinderen berekend en niet in de gelegenheid daar adequeaat op te reageren.

De **oorzaken** voor hyperkinetisch gedrag kunnen echter ook bij het kind liggen. Stoornissen in de hersenfuncties die in de eerste levensjaren zijn ontstaan, zijn vaak verantwoordelijk voor het overactieve gedrag van het kind. Daarbij valt te denken aan geringe stoornissen of ziekten tijdens de zwangerschap, zoals:

- te vroege geboorte;
- ondervoeding of slechte voeding van de moeder;
- gebruik van medicijnen;
- consumptie van alcohol, nicotine of drugs;
- permanente conflicten;
- een moeizame bevalling met zuurstoftekort;
- infecties, voedingsstoornissen, verwondingen in de zuigelingentijd.

Bij zulke hersenorganische of functionele oorzaken kunnen bij het geschetste gedrag eventueel nog ontwikkelingsstoornissen komen, bijvoorbeeld bij het lezen of schrijven, in de behendigheid of in de stabiliteit van vegetatieve functies (bijvoorbeeld slaapproblemen, neiging tot flauwvallen, hoofdpijn).

Vaak komt men bij overactieve kinderen niet veel verder als men zoekt in de richting van een vroeg opgedane hersenfunctiestoornis, en evenmin in de richting van de sociale omgeving. Er zijn echter nog meer theorieën over het ontstaan van overactief gedrag. Bij veel kinderen zijn er aanwijzingen dat er verbanden bestaan tussen de voeding en het rusteloze gedrag. Soms is er een **allergische reactie** op één of meer levensmiddelen aan te wijzen: vooral vis, melk of veel soorten fruit komen daarvoor in aanmerking. Steeds meer is de oorzaak van nerveuze aandoeningen zoals we die hebben genoemd, te vinden in toevoegingen zoals kleur- en conserveringsmiddelen, het veel gebruikte glutamaat of ook zoetstof in suikerarme levensmiddelen en dranken. Als deze oorzaak is achterhaald en de betreffende levensmiddelen (respectievelijk deze stof) wordt vermeden, heeft dat in sommige gevallen

een verbazend goed resultaat. De kinderen worden evenwichtiger, kunnen zich goed concentreren, voelen zich opeens beter.
Veel overactieve kinderen hebben een **gestoorde darmflora en -fauna.** Voor een groot deel komt dat door het snoepen van suiker. Door de industriesuiker ontstaat een oververzuring in de darm, een verandering van de flora en fauna, die tot vernietiging van belangrijke bacteriën leidt en daardoor de weerstand van de darm verzwakt. Een dergelijke darmdysbiose schijnt veel voor te komen bij overactiviteit. Helaas hebben kinderen met stoornissen in de stofwisseling vaak een grote behoefte aan zoetigheid. Het kost zeer veel energie van de kant van de ouders om daar verandering in te brengen.
Een neurochemische hypothese luidt dat de grote prikkelbaarheid op een gebrekkige stofwisseling in de hersenen berust. Op de contactplaatsen (synapsen) van zenuw- en spiercellen zijn boodschappers (transmitters) zoals adrenaline en serotonine nodig, die in geval van een storing niet in voldoende mate aanwezig zijn.
De genoemde hypothesen zijn steeds op slechts een deel van de hyperkinetische kinderen van toepassing. Maar als een dergelijk verband is ontdekt, is daarmee een aanzet voor therapie gegeven. Dat kan overigens zeer kostbaar zijn.
Tot slot speelt nog de genetische hypothese een rol, al zijn daaruit nog geen therapeutische conclusies te trekken. Deze hypothese is ontstaan uit de waarneming dat ouders van hyperactieve kinderen heel vaak soortgelijk gedrag vertonen of dat als kind hebben gedaan.

Behandeling van het hyperkinetische syndroom

Voor het hyperkinetische syndroom is een multidimensionale therapie aan te bevelen, dus een behandeling waarbij de verschillende, vaak hecht vervlochten omstandigheden van het ontstaan en het verloop van het syndroom in aanmerking worden genomen. De reeds beschreven theorieën over de mogelijke oorzaken van het hyperkinetische syndroom bevatten al aanzetten tot therapie:

1 advisering van ouders en anderen die bij de opvoeding betrokken zijn;
2 gedragstherapeutische methoden;
3 behandeling met medicijnen;
4 dieetvoorschriften.

Met deze behandelingen is weliswaar slechts zelden genezing mogelijk, maar meestal lukt het een aanzienlijke verbetering te bereiken, vooral als de ouders in de gelegenheid zijn de behandeling thuis uit te voeren.

Alle behandelingen vereisen de **actieve medewerking van de ouders en het kind.** Vaak zijn combinaties van verschillende methoden nodig. Veel kinderen worden bijvoorbeeld evenwichtiger door een doelgerichte behandeling met medicijnen en kunnen dan pas vertrouwd worden gemaakt met gedragstherapeutische technieken. Ook de advisering van de ouders, misschien zelfs een training in bepaalde opvoedingstechnieken, is een belangrijke eerste stap, die overigens zelden voldoende is. Welke behandelingsvorm de beste is, hangt af van de leeftijd van het kind, van de ernst van de stoornis, maar ook van de houding van de ouders tegenover de voorgestelde maatregelen. Zo zijn er ouders die een therapie met medicijnen principieel afwijzen. Weer anderen geloven dat de juiste medicijnen al hun problemen kunnen oplossen en dat zij verder niets hoeven te doen.

Van groot belang is ook of de juiste therapeuten ter beschikking zijn, bijvoorbeeld voor gedragstherapie. Of ouders besluiten een dieet toe te passen, hangt met name af van de vraag of zich allergische reacties bij het kind voordoen. Ik zal de afzonderlijke mogelijkheden toelichten om de verschillen duidelijk te maken.

Medewerking van de ouders

Als ouders met hun overactieve kind op mijn spreekuur komen, is er vaak al een lange lijdensweg afgelegd; bovendien hebben bijna alle ouders schuldgevoelens. Veel van deze kinderen zijn als baby al zeer levendig en dus vermoeiend. Er ontstaan conflicten en de ouders geven elkaar de schuld, de emoties laaien aan beide kanten steeds hoger op. De ouders weten niet meer hoe het verder moet, want toespreken en straffen hebben geen van beide geholpen. Vaak is de harmonie in het gezin aanzienlijk verstoord en opmerkingen van een moeder als: 'Hij heeft mijn huwelijk kapot gemaakt, ik ben ten einde raad', zijn geen uitzondering. Daar komen nog de conflicten met buren en vrienden bij, omdat deze kinderen vaak impulsief reageren en alleen al met hun onrustige gedrag een mooie, gezamenlijk geplande dag flink kunnen verpesten. Onlangs zei een moeder tegen me: 'We leven volkomen geïsoleerd; iedereen heeft zich van ons teruggetrokken.'

Als het kind naar een **peuterspeelzaal** gaat, werkt het de begeleidsters op de zenuwen omdat het vaak andere kinderen in hun spel stoort, bij gemeenschappelijke activiteiten alle aandacht opeist of de middagslaap verstoort. Dan krijgen al gauw de ouders de schuld, vooral als het kind vaak iets vergeet of niet netjes gekleed is.

Op **school** wordt het probleem alleen maar erger omdat spelen nu plaatsmaakt voor geconcentreerd leren. De leraar voelt zich gehinderd en reageert steeds nerveuzer. Kent hij het syndroom niet, dan voelt hij zich vaak zelfs persoonlijk gekwetst omdat hij het kind voor onaangenaam houdt. Misschien gelooft hij zelfs dat het hem wil dwarszitten. Nu worden de ouders overladen met vermaningen en goede raad. Maar het ergste is dat het kind, dat vol verwachting en met een blij gemoed op school is begonnen, door permanente waarschuwingen en eerste teleurstellingen bij het leren steeds onhebbelijker wordt. In plaats van dat hij zich geaccepteerd en bevestigd voelt en thuis trots over zijn successen kan praten, neemt zijn motivatie om op te letten en zich in te spannen steeds meer af. 'Voor die stomme lerares, die altijd zit te kankeren, leer ik niet meer.' En over verdere eigenaardigheden in het gedrag hebben we het al gehad.

Het is des te moeilijker uit deze negatieve spiraal te komen naarmate het kind langer in deze situatie zit. Het kind en de ouders moeten dus bijtijds hulp geboden krijgen en daarnaast moeten de begeleidsters en leerkrachten van deze kinderen informatie en advies krijgen.

> Voor de ouders is de eerste en belangrijkste hulp dat ze op een zakelijke manier informatie over deze stoornis krijgen.
>
> Vaak voelen ze zich alleen al daardoor bevrijd van schuldgevoelens en hebben ze weer een nieuwe ingang tot hun kind. Hun moeilijke kind wordt nu hulpbehoevend.
>
> Het is belangrijk de dagindeling van het kind te structureren.

Hyperactieve kinderen komen vaak nooit klaar met iets, ze hebben geen overzicht, kunnen niet vooruitkijken of gevaren onderkennen. Daarom hebben ze voortdurend hulp van hun ouders, broers of zusters nodig. Als ze de deur uitgaan, mag je nooit nalaten hun telkens weer te vertellen binnen welke grenzen ze mogen spelen. Verboden moet je hen altijd laten herhalen, bijvoorbeeld dat ze een bepaalde straat niet mogen oversteken, enzovoort. Omdat ze veel moeite hebben met het indelen van hun tijd en dus met het maken van plannen, moeten ze het tijdstip waarop ze weer thuis moeten zijn, een paar keer herhalen.

> Tijden en situaties dienen zo constant mogelijk gehouden te worden. Een frequente wijziging van instructies brengt het kind van de wijs.

Kleinere kinderen hebben nog niet geleerd grenzen te accepteren. Als je een tijdstip met hen afspreekt, moet je dat goed in de gaten houden en er na de afgesproken tijd onverbiddelijk een punt achter zetten. Als het kind precies op tijd komt, verdient het een compliment. Het zou kleingeestig zijn om een kind een standje te geven als het vijf minuten te laat is. Als ze hun tijd 'verlummeld' hebben, vinden ze dat meestal zelf het vervelendst, omdat ze daarmee hun moeder last bezorgen. Daarom is het voor de ouders vaak moeilijk op de juiste manier te reageren.
Als het kind constant vermaningen en gekanker hoort, luistert het daar op een gegeven moment niet meer naar. Aan de andere kant kunnen herhaalde nalatigheden niet door de vingers worden gezien. Het komt dan op de reactie van het kind en de omstandigheden van dat moment aan. Als een groter kind 's middags een tijdje alleen thuis is, moet het kleine taken op een stuk papier krijgen. Dan kan het die stuk voor stuk 'afwerken'. Mondelinge opdrachten worden vaak vergeten. Maar ook dan moet je die kinderen nooit in het bijzijn van anderen voor schut zetten. Ze zijn al snel van streek en zijn vaak bedroefd als er weer eens iets niet is gelukt.
Omdat overactieve kinderen **leermoeilijkheden** hebben, die het resultaat zijn van hun geringe vermogen om op te letten en van het feit dat ze snel afgeleid zijn, moet hun middag strak worden ingedeeld. In geen geval mag het kind tot uren lang leren worden gedwongen op grond van het geloof dat het een taak niet zo lang moet herhalen tot het die onder de knie heeft. Het tegendeel is waar: het kind wordt steeds onrustiger en heeft op het laatst helemaal geen zin meer om te leren. Het is beter als het zijn huiswerk in het begin in aanwezigheid van een volwassene maakt. Dat vergt veel geduld. De volwassene betrapt zich er gemakkelijk op dat hij het juiste antwoord voorzegt. Maar het is beter dat het kind zelf zijn fouten ontdekt, zodat het geleidelijk leert zelfstandig te werken en zichzelf te controleren. Als het een bepaalde opdracht weet af te ronden, verdient het een groot compliment. Ook een grapje, wat afleiding met een huisdier of een ontspanningsoefening (zie pag. 100) maakt de sfeer losser en schept nieuwe

kracht om zich weer voor een tijdje op iets te kunnen concentreren.

Er moet genoeg **tijd voor lichamelijke activiteiten** overblijven, voor buiten spelen, voor praktische bezigheden in huis of in de tuin, voor sport enzovoort. Maar tijdsbestedingen als televisiekijken of computerspelletjes spelen moeten juist worden beperkt. Als ouders de ambitie hebben om hun kind een muziekinstrument te leren spelen, moeten ze hun kind daar in geen geval toe dwingen. Ze moeten heel goed overwegen of het kind in plaats daarvan niet beter een lichamelijk actieve bezigheid kan gaan doen. Voor veel kinderen kan de muzikale activiteit – vooral als ze dat goed blijken te doen – een bijzonder speelse vorm van uitleven zijn.

Als **pedagogen** weinig of niets van het hyperactieve syndroom weten, wat helaas vaak het geval is, kunnen ze niet deskundig reageren. Daarom moet de therapeut van het kind beslist contact met hen opnemen, hen zakelijk informeren en gedragsstrategieën met hen afspreken. Omdat er vaak spanningen tussen ouders en leerkrachten zijn en ze elkaar vaak de schuld hebben gegeven, moet hier een bekwame derde persoon als bemiddelaar optreden.

De informatie kan bijvoorbeeld als volgt luiden: 'Peter heeft een gedragsprobleem, waaraan noch de ouders, noch u schuldig zijn. Het is een ziekelijke stoornis. Ik weet dat het vanwege Peters gedrag erg vermoeiend voor u is les te geven in deze klas, en ik begrijp dat u soms boos wordt. U kent Peter goed, ook zijn sterke kanten. Daarom zouden we samen naar mogelijkheden moeten zoeken, waar alle betrokkenen baat bij hebben.'

Misschien wist de leerkracht niet van het bestaan van het hyperkinetische syndroom en had hij het gevoel dat het kind zich zo gedroeg omdat hij zijn werk niet goed deed. Op die manier is ervoor te zorgen dat hij het kind anders gaat zien en vastgelopen gedragspatronen probeert te veranderen. Het kind heeft vanwege zijn geringe vermogen om lang op te letten vaak slechte prestaties geleverd, hoewel het alles heeft begrepen, en misschien heeft het in zijn goede uren zelfs de klas versteld doen staan met zijn uitstekende opmerkingsgave. Daarom moet naar mogelijkheden worden gezocht om hem ook successen te laten beleven. Dat kunnen bij jongere kinderen **kleine taken** in de klas zijn, zoals de bloemen water geven en het bord schoonvegen. Hij kan ook het beste vlak bij de leerkracht zitten. Vaak is een blik al voldoende om hem weer aan het werk te krijgen. Als de leerkracht het kind goed kent, zal hij een beginnende crisis bijtijds opmerken en het met een afgesproken gebaar weer tot zelfbeheersing kunnen brengen. Is het kind bijzonder onrustig, dan kan het, als de omstandigheden op school dat toelaten, een extra rondje om het schoolplein lopen. Een aanvullende structurering van de taken voor dit kind is zinvol. Het is voor beide partijen ook gunstig dat ze het opstaan, rondlopen, spelen, uit het raam kijken enzovoort in de hand kunnen houden. De leerkracht doet daarmee niets verkeerds, hij moet alleen aan de klas duidelijk maken dat elk kind zijn eigen bijzonderheden heeft. Natuurlijk hangt dat alles ook af van de omvang van de klas en van de vraag hoeveel hulpbehoevende en problematische leerlingen er nog meer zijn. De arme, gestresste leerkracht moet zich altijd voor ogen houden dat het kind niet ongemanierd is, maar ziek. Als hij in eerste instantie een negatieve houding tegenover het kind heeft aangenomen, is die moeilijk te corrigeren.

Voor hyperactieve kinderen kunnen ook **aanvullende maatregelen** naast het stimuleringsprogramma van de school worden voorgesteld. In extreme situaties, als het kind de les ernstig stoort omdat het bijvoorbeeld in een acute staat van opwinding is geraakt, moet de leerkracht het kind individueel behandelen, bijvoorbeeld door het tijdelijk apart te zetten.

Ten slotte moet ook met het kind zelf op een gepaste manier over zijn stoornis gesproken worden. Het moet weten dat het geen vrijbrief voor zijn gedrag heeft. Ook als de arts of de psycholoog met een therapeutisch programma begint, gaat dat niet zonder medewerking van het kind. Als het kind inzicht in zijn eigen situatie heeft, is het ook beter in staat zichzelf in bedwang te houden.

Tot slot nog iets over het probleem 'opvoeden'. Er zijn jonge ouders die 'modern' willen leven en er daarom op tegen zijn dat in hun gezin bepaalde normen gelden. Ieder mag doen wat hij wil. Zij menen dat de mens anders in zijn vrijheid wordt beperkt. Dat is bij gezonde kinderen al problematisch, want kinderen zoeken houvast om zich geborgen te kunnen voelen. Bovendien maken regels het samenleven gemakkelijker.

> Voor een hyperactief kind is een dergelijke levenshouding zonder vaste regels een complete ramp.

Ik heb jaren lang een groot aantal van dergelijke kinderen in hun ontwikkeling kunnen volgen. Meestal treden er – op zijn laatst in de puberteit – extreme gedragsstoornissen op, vaak samen met misdrijven: spijbelen, zwerven, stelen, contacten met jeugdbenden en zelfs drugsgebruik en jeugdprostitutie, zodat die kinderen vaak uit hun gezin worden weggehaald omdat de ouders hen niet meer aankunnen.
In dat geval moet men **gezinstherapie** in eigenlijke zin overwegen, waarbij praktisch alle gezinsleden betrokken worden. Natuurlijk heeft een overactief kind een aanzienlijke invloed op de dynamiek van een gezin. Dan kunnen de leden van het gezin de gelegenheid krijgen onder leiding van een therapeut hun gevoelens te uiten en nieuwe gedragspatronen tegenover elkaar en in het bijzonder tegenover het betreffende kind te ontwikkelen en te oefenen. Vaak komen daarbij diepere gezinsconflicten boven tafel, die dan ook aangepakt moeten worden. Het wordt ingewikkeld als belangrijke leden van het gezin zich aan de therapie onttrekken en om doorzichtige redenen niet verschijnen op de gemeenschappelijke sessies – alleen omdat het voor hen onaangenaam wordt.
Omdat gezinstherapie altijd zeer kostbaar is en gemakkelijk conflicten oproept, moet ze alleen worden toegepast als dat onder leiding van een deskundig therapeut kan gebeuren. De

problemen van het hyperactieve kind worden daarmee niet opgelost, maar alleen verlicht door wijzigingen in het gedrag van vertrouwde mensen in zijn omgeving. Het kind heeft in ieder geval aanvullende therapie nodig.

Gedragstherapie
Gedragsvormen leert een kind geleidelijk binnen het kader van zijn aangeboren vaardigheden. Gedragstherapie maakt daar ten volle gebruik van door **gewenst of efficiënt gedrag** te versterken. Dat gebeurt op allerlei manieren: door het kind succeservaringen te bezorgen, door complimenten en waardering te geven of door de toewijding van vertrouwde mensen in zijn omgeving. Gedragsvormen die niet met zulke effecten te versterken zijn, kunnen zich niet handhaven en worden snel door andere vervangen.
Een kind stemt zijn gedrag af op de reactie van zijn omgeving. Inefficiënt en ongewenst gedrag wordt vroeg of laat afgewezen als succes en bevestiging uitblijven.

> Als we storend gedrag beschouwen als resultaat van een verkeerd geleid leerproces, moet het ook mogelijk zijn het af te leren en uit te wissen.

Hoe goed dat lukt, hangt af van de oorzaken die tot de vorming van de gedragsstoornis hebben geleid. Ook de periode waarin dit gedrag zich heeft kunnen versterken, speelt een rol.
We weten bijvoorbeeld dat gedragspatronen uit de vroege kindertijd slechts heel moeilijk en nooit volledig zijn uit te schakelen.
Bovendien hangt het succes van de therapie af van de mate waarin een kind bereid is zijn gedrag te veranderen. Er is veel motivatie nodig om continu en met veel inzet aan de therapie mee te werken. De bereidheid daartoe wordt aanzienlijk gestimuleerd als er sprake is van leed. Als bijvoorbeeld een onder-

wijzer zich gehinderd voelt omdat een leerling op de eerste rij niet goed oplet, zal hij druk op de leerling uitoefenen, met als gevolg dat de leerling ook lijdt en verandering in de situatie wil brengen.

Een hoge mate van leed – en dus een hoge motivatie – is bij overactieve kinderen meestal wel aanwezig. Desondanks mislukt een dergelijke therapie in sommige gevallen, als bijvoorbeeld de ouders het probleem nauwelijks opmerken en hun gemotiveerde kind niet steunen bij de therapie. Maar ook door het kind zelf kan de therapie ondanks een goede motivatie mislukken, als het bijvoorbeeld niet de kracht kan opbrengen om bepaalde technieken te oefenen.

De gedragstherapie heeft een voordeel boven andere psychotherapeutische methoden: ze is ook bij kleine kinderen met succes toe te passen en kan symptomen betrekkelijk snel veranderen. Onder leiding van een therapeut leren kinderen technieken waarmee ze hun gedrag onder controle kunnen krijgen. De ouders moeten wel in de gelegenheid zijn het kind in zijn pogingen te steunen door het bijvoorbeeld te prijzen als het zich gedurende een afgesproken periode bij één bepaalde activiteit heeft gehouden. Die periode wordt dan heel langzaam verlengd.

> Het kind leert zich te beheersen en zichzelf te instrueren. Hoe beter het kind zichzelf leert kennen, des te gemakkelijker kan het zichzelf sturen.

Het kind wordt ook vertrouwd gemaakt met ontspanningstechnieken zoals autogene training of spierontspanningsoefeningen. Als het moe is en zich niet meer kan concentreren, gebruikt het zo'n methode. Het zenuwstelsel kan zich dan herstellen en al na korte tijd is het kind weer fris, evenwichtig en in staat tot prestaties.

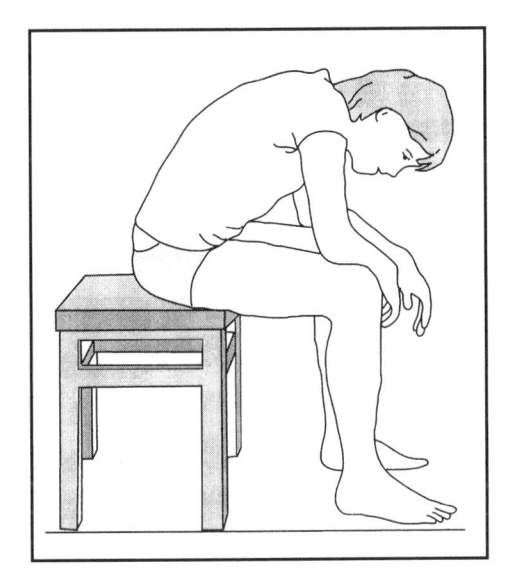

Toepassing van autogene training

Deze therapie kan een hyperactief kind heel goed helpen zijn gedrag steeds beter in de hand te krijgen. Zolang het zelf nog niet het inzicht en de nodige energie voor de oefeningen kan opbrengen, spelen de ouders hierbij een belangrijke rol. Succes is sneller te verwachten naarmate ze de leerprogramma's consequenter in alle situaties kunnen doorvoeren. Ze mogen niet 'slap worden', ook niet als ze zelf doodmoe zijn en ze medelijden met hun kind hebben.
Gedragstherapieën hebben geen succes in gezinnen waarvan de ouders zelf geen discipline hebben, zoals ik al heb aangegeven.

> Een 'laat-maar-waaienhouding' van de ouders is voor overactieve kinderen bijzonder tragisch.

Medicinale therapie

Als een kind zo overactief en ongeconcentreerd is dat het zowel thuis als op de peuterspeelzaal of op school de mensen om zich heen voortdurend op de zenuwen werkt, is eerst een behandeling met psychostimulantia aan te bevelen. Deze medicijnen wekken gezonde mensen op tot geestelijke activiteit, verhogen het denk- en combinatievermogen en stimuleren de totale activiteit. Bij toeval werd een jaar of vijftig geleden ontdekt dat met deze medicijnen hyperactieve kinderen niet nog levendiger, maar juist rustiger worden. Ze kunnen een bepaalde toestand langer volgen en ook duidelijk beter verwerken dan voorheen.

In tal van tests in de Verenigde Staten en Europa werd in de jaren daarna de werkzaamheid van **amfetamine** bij het hyperkinetische syndroom (HKS) aangetoond. Tegelijkertijd worden met deze therapie alle kinderen geselecteerd die geen echt hyperkinetisch syndroom hebben. Dat zijn dan bijvoorbeeld kinderen met een chronische overbelasting die zich op een soortgelijke manier kan manifesteren, of kinderen die door sociale omstandigheden snel geneigd zijn tot agressie. Maar ook bij het echte hyperkinetische syndroom reageren niet alle kinderen goed op deze therapie. Binnen een paar weken blijkt welke kinderen niet reageren op de therapie en bij hen kan de medicatie worden gestaakt. Eventueel is een kalmerend medicijn te proberen als het kind vanwege zijn extreme onrust niet ontvankelijk is voor andere therapieën.

Amfetaminen veroorzaken in eerste instantie een verhoogde alertheid, de kinderen kunnen zichzelf beter sturen. Het lukt hun beter dan voorheen stil te zitten en zich met een taak bezig te houden zonder voortdurend te worden afgeleid. Daardoor kunnen ze taken beter vervullen. De omgeving is tevredener. Ze boeken successen, hun zelfbewustzijn stijgt, ze waarderen zichzelf en vinden hun leven veel draaglijker dan daarvoor.

Het effect bestaat eruit dat amfetamine op de contactplaatsen (synapsen) in de hersenen boodschappers vrijmaakt, die bij mensen met deze ziekte onvoldoende beschikbaar zijn. Er wordt dus een tekort opgeheven. Daarmee wordt ook de bange vraag van ouders beantwoord of hun kinderen daarvan afhankelijk kunnen worden zoals zoveel mensen die deze stof innnemen. **Hyperactieve kinderen worden niet afhankelijk.** Wel moet in de gaten worden gehouden dat het kind alleen de noodzakelijke dosis krijgt. Men begint met een heel kleine dosis en verhoogt die langzaam tot een onderhoudsdosis. Als het kind te veel inneemt, is de stimulering te krachtig: de kinderen worden nog nerveuzer en kunnen niet slapen. Precies om die reden wordt het medicijn alleen 's ochtends vroeg en hooguit nog een keer tegen het middaguur gegeven. Niet alle hyperactieve kinderen hebben medicijnen nodig, maar voor sommigen zijn ze onontbeerlijk. Anders kunnen ze alle andere maatregelen niet verwerken en de leerstof niet in zich opnemen. Pas als de ontbrekende boodschappers aangevuld worden, kan het kind de vele omgevingsprikkels verwerken. Het succes van de therapie is bij sommige kinderen ook aan hun handschrift 'af te meten', omdat dat aanzienlijk leesbaarder wordt.

Voeding
Omdat veel hyperactieve' kinderen snel last hebben van **allergieën,** is een allergietest aan te bevelen. Allergieën kunnen zich op zeer uiteenlopende manieren uiten, bijvoorbeeld in nervositeit en overactiviteit. Omdat de belasting van deze kinderen echter niet alleen via allergische reacties loopt, maar ook via verkeerde voeding, vergiftiging door zware metalen enzovoort, moet ook in deze richting worden gedacht. In ieder geval moet bij hyperkinetische kinderen een bloedonderzoek worden gehouden. Klaarblijkelijk heeft het kind een bijzondere gevoeligheid, want andere kinderen met soortgelijke voeding of toxische belasting vertonen geen reacties. Een tijd lang stond de theorie van de belasting door zware metalen zelfs in het middelpunt, wat uiteindelijk tot de oprichting van de fosfaatliga leidde. Daarvoor zijn echter geen wetenschappelijke bewijzen geleverd.

> Kinderen die allergisch blijken voor bepaalde voedingsmiddelen, moeten eerst een eliminatiedieet volgen.

Het begint met een vleessoort (lam of kip), koolhydraten (rijst en/of aardappelen) en fruit (banaan, peer of geschilde appel), daarnaast groente (bijvoorbeeld bloemkool en wortels), water, vruchtenthee. Dat neemt het kind gedurende vier tot zes weken tot zich. In die periode treedt bij veel kinderen een aanzienlijke verandering in het gedrag op. Bovendien verdwijnen of verminderen allergische huidaandoeningen, hoofdpijn, slaapproblemen, eczemen, astma, hooikoorts. Nu begint men de voeding weer op te bouwen door elke week een nieuw voedingsmiddel toe te voegen. Als dan nieuwe symptomen optreden, moet het voedingsmiddel als onverdraaglijk worden beschouwd en voortaan worden vermeden. Vaak zijn het enkele stoffen die het kind niet verdraagt, zodat de voeding uiteindelijk niet al te ingewikkeld hoeft te worden. Helaas krijgen onze levensmiddelen echter steeds nieuwe toevoegingen om ze langer houdbaar en visueel aantrekkelijker te maken. Veel mensen reageren daarop met allergische reacties.

Intussen zijn er onderzoeken verricht die deze reacties met gestandaardiseerde methoden hebben gecontroleerd. Volgens deze onderzoeken zijn er aanzienlijke verschillen te constateren in het gedrag van de kinderen. In perioden waarin een nauwkeurig omschreven dieet werd voorgeschreven, reageerden de kinderen heel anders dan in de periode waarin ze het normale voedsel met mogelijke allergenen gebruikten. Verbazingwekkende resultaten kan ik ook altijd weer waarnemen als de darmflora en -fauna van overactieve kinderen wordt 'hersteld'. Daarvoor moet het kind overgaan op volwaardig voedsel, waarbij industriesuiker, producten met wit meel en varkensvlees vermeden moeten worden.

Het agressieve kind

Voorbeeld Paul is een jongen van zeven jaar, die net groep drie achter de rug heeft. Hij heeft twee zussen: Maria, van veertien, is een zeer zelfstandig, ijverig en ambitieus meisje. Met haar heeft de moeder geen problemen. Zij is het enige kind uit het eerste huwelijk van de moeder. De vader verongelukte toen Maria drie jaar was. De moeder is masseuse in een kliniek; ze houdt van haar werk. Het is een hartelijke, gevoelige, fantasierijke vrouw met behoefte aan liefde. Na de plotselinge dood van haar man was ze lange tijd depressief; ook nu nog heeft ze de neiging te tobben, vooral als ze 's nachts niet kan slapen. Ze woont nu samen met een nieuwe partner, van wie ze twee kinderen heeft. De vijfjarige Frank zit in groep twee en is meer een stil en fantasievol kind. Hij kan zich goed alleen vermaken, maar is ook graag in gezelschap van kinderen en is geliefd bij leeftijdgenoten. Paul gaat niet graag naar school. 'De hele tijd moet ik iets doen wat anderen van me verlangen.' Het valt hem erg zwaar zich aan regels te houden. Hij kletst, gaat van zijn plaats af en onderbreekt de onderwijzeres als hij iets wil vragen of zeggen. In het begin tartte hij de onderwijzeres door bijvoorbeeld te boeren of iets van een ander af te pakken omwille van de opschudding. Sommige kinderen lachten dan en hij keek vanuit zijn ooghoeken hoe de onderwijzeres zou reageren. (En hij vond het leuk als ze de verkeerde op zijn kop gaf.) Als ze hem waarschuwt of een antwoord van hem niet kan waarderen, omdat hij haar bijvoorbeeld in de rede valt, wordt hij kwaad en scheldt haar op een ordinaire manier uit. Een paar keer is hij vervolgens naar haar toe gegaan en heeft vol spijt beloofd het niet meer te doen. Op zulke momenten geloofde de onderwijzeres dat het haar zou lukken hem in de klas te integreren. Tijdens de gymnastiekles is het helemaal erg. Hij gaat dan ravotten, luistert niet naar instructies en lokt ook wel vechtpartijen uit. De zeer jonge onderwijzeres voelt zich hoogst ongemakkelijk in deze situatie en zegt dat ze zich niet goed kan handhaven en haar daardoor veel dingen ontgaan. Ondanks zijn storende gedrag neemt hij de leerstof goed in zich op, al wordt hij sneller moe dan de andere kinderen in zijn klas. Dan begint hij op zijn nagels te bijten, met zijn voeten te schuifelen of anderen met propjes papier te bekogelen. De kinderen vonden het in het begin erg leuk als hij zijn zelfbeheersing verloor. Nu houden ze hem op een afstand, omdat hij hen ook irriteert, plotseling duwt of slaat. Op de speelplaats is hij intussen bij de kinderen en de volwassenen evenmin geliefd omdat hij ook daar hard schreeuwt, slaat of kwaad wegrent als hij zijn zin niet krijgt. De school heeft zijn moeder nu onder druk gezet om hem therapie te laten volgen. Anders zal hij naar een school voor gedragsgestoorden moeten.

De geboorte van Paul verliep niet zonder complicaties. Hij moest met een tang worden gehaald, omdat zijn hartslag tijdens de langdurige bevalling zwak begon te worden. Als zuigeling huilde hij dag en nacht door zodat zijn moeder de wanhoop nabij was. Na het eten gaf hij ook vaak over. De koppigheidsperiode begon al toen hij tweeënhalf was, en duurt eigenlijk nog steeds voort. Als klein kind rukte hij zich op straat vaak los van de hand van zijn moeder, maakte herrie in winkels als zij niet precies kocht wat hij wilde. Zijn oudere zus wil niet op hem passen omdat hij ook bij haar maar korte tijd lief is, hoewel hij graag met haar speelt en zij hem ook accepteert. Op school, waar hij vanaf zijn vierde naar toe ging, kreeg hij woedeuitbarstingen als hij niet kon doen wat hij wou. Daarbij ging het soms om heel banale dingen, bijvoorbeeld om bepaald eten dat hij 's middags verwachtte, om de regen die het buitenspelen onmogelijk maakte. Als bij het bouwen of schilderen iets niet goed gelukt was of als de juf probeerde er iets aan te verbeteren, dan raakte hij diep in de put en zat vaak voor langere tijd in een hoekje te mokken. Tijdens het middagslaapje werd hij soms apart gelegd als hij zijn mond niet wist dicht te houden. Slapen kon hij slechts bij uitzondering. Hij praatte of zong luid zonder er rekening mee te houden dat hij anderen in hun slaap stoorde. Op die manier werd hij geleidelijk voor de kinderen 'stoute Paul', met wie niemand graag speelde. Soms was hij verdrietig als hij merkte dat hij werd afgewezen, maar dan schold hij de kinderen uit: 'Ik wil helemaal niet met jou spelen, want je stinkt', of iets dergelijks. Of hij liet iemand struikelen en had dan leedvermaak in plaats van spijt.

Pauls vader, die ergens anders woont en voor zijn werk veel onderweg is, wordt door de moeder beschreven als een goed uitziend, atletisch type, actief, opgewekt, maar ook behoorlijk onrustig. Hij verliest gauw zijn zelfbeheersing en maakt dan veel herrie; zijn handen zitten ook nogal los. Op zijn werk heeft hij ook vaak onenigheid, waarbij hij impulsief reageert. Hij koestert echter nooit wrok en verwacht hetzelfde van anderen. Als hij thuis is, onderneemt hij vaak iets met de kinderen, zij zijn ook aan hem gehecht. Maar de opvoeding komt toch op de moeder neer.

Agressief gedrag heeft meerdere **oorzaken**. Sommige daarvan zijn bij Paul aanwezig. Dat zijn het **onbeheerste temperament van zijn vader**, diens nervositeit en hyperactiviteit, dus een erfelijke aanleg. Onderzoeken hebben uitgewezen dat agressieve en antisociale gedragsvormen in een hoog percentage gevallen van de ene generatie op de andere worden 'doorgegeven'. Bovendien hebben in ruim dertig procent van de gevallen de biologische vaders van kinderen met agressieve gedragsstoornissen een antisociale stoornis. Daarmee is echter niet aangetoond of de kinderen hun gedrag overgeërfd of aangeleerd hebben of dat beide generaties in een ongunstig milieu zijn opgegroeid.

Heel waarschijnlijk heeft Paul ook **gedragspatronen van zijn vader** overgenomen, die zijn aanleg versterken. De overname van gedragsvormen van de ouders (leren naar model) speelt over het algemeen een belangrijke rol bij de gedragsontwikkeling van kinderen. De **opvoedkundige vaardigheden van de**

ouders en de algehele sfeer in huis zijn daarvan niet los te denken. De moeder van Paul heeft drie zeer verschillende kinderen, voor wie zij heel liefdevol zorgt, al is het een zware belasting voor haar. Ze geeft echt om hen, maar draagt hun ook kleine taken in het huishouden op. Ze heeft de neiging toegeeflijk te zijn, maar dat heeft bij de andere twee kinderen geen nadelige gevolgen. Paul heeft echter iemand nodig, die hem meer helpt zichzelf in de hand te houden, die hem krachtiger controleert en hem met liefdevolle volharding op zijn grenzen wijst.

Vaak is de **thuissituatie** van agressieve kinderen veel problematischer dan hier. Het zijn ouders die geen raad weten met hun eigen leven, die door langdurige werkloosheid, verslaving aan alcohol en drugs en soms ook door crimineel gedrag aan de rand van de samenleving terecht zijn gekomen.

Vaak bestaan er slechts losse banden in het gezin en zijn ruzies aan de orde van de dag. Een dergelijk 'thuis' kan de kinderen geen geborgenheid geven en stelt ook geen grenzen aan hun gedrag. Vaak hebben zulke ouders als kind evenmin liefdevolle aandacht gekregen, maar hebben ze onverschilligheid of zelfs geweld ervaren en nu herhalen ze die opvoedingspraktijken omdat ze niet beter weten. Ze laten alles op hun beloop, maar meppen er soms of zelfs vaak op los. In zulke asociale gezinnen spelen vaak ook uiterlijke factoren een rol, zoals een te krappe woning en te veel herrie, factoren die agressie in de hand werken.

Andere gezinnen hebben als kenmerk dat de kinderen keer op keer aan andere **opvoeders** moeten wennen, die uiteenlopende ideeën over grootbrengen hebben.

Ik heb vaak moeders van gedragsgestoorde kinderen horen zeggen dat ze herhaalde malen hun 'vriend' van dat moment aan de kinderen voorstelde als de nieuwe papa. Om zichzelf te ontlasten probeerden ze hem snel in de opvoeding van de kinderen te betrekken. Soms vluchtte de man binnen de kortste keren, maar was er wel een kind aan het gezin toegevoegd.

Weer andere, soms zeer welgestelde ouders bekommeren zich nauwelijks om hun kinderen, omdat ze zichzelf moeten ontplooien en elke dag andere, natuurlijk zeer belangrijke redenen hebben om nog later thuis te komen, weg te gaan ('onze leuke buurvrouw past weer op jullie'), afgesproken gezamenlijke uitstapjes afketsen en geen tijd voor de zorgen en besognes van hun kinderen hebben.

Sommige ouders zijn van mening dat je kinderen niet moet opvoeden, en gunnen hun alle vrijheden en rechten zonder hen ook aan plichten te laten wennen. Op die manier ontstaan egocentrische kinderen die met niemand rekening houden.

Een biologische oorzaak komt in ons geval ook in aanmerking. De moeizame geboorte van Paul met tijdelijk zuurstofgebrek kan symptomen als gebrekkig concentratievermogen, rusteloosheid en gebrekkige zelfdiscipline veroorzaken.

Bij de **risicofactoren** voor agressief gedrag moet ten slotte nog het geslacht worden genoemd.

> Er is geen twijfel mogelijk dat er geslachtsverschillen in agressief gedrag zijn. Van de kinderen die in therapie komen, is slechts tien tot vijftien procent een meisje.
>
> Tot dusverre hebben onderzoeken nog niet duidelijk gemaakt of biologische verschillen dan wel de traditionele maatschappelijke rolpatronen daarvoor verantwoordelijk zijn.

Hoe gedragen agressieve kinderen zich?
Ze **presteren vaak slecht op school**. In psychologische tests blijkt hun intelligentie meestal hoger te zijn dan op grond van hun cijfers werd verwacht. Aan de ene kant zijn ze door hun overactieve gedrag, hun geringe vermogen om lange tijd op te letten en het feit dat ze snel afgeleid zijn, niet in staat de leerstof op te nemen en te verwerken. Veel van deze kinderen hebben een hyperkinetisch syndroom (zie het hoofdstuk 'Het overactieve kind', pag. 86 e.v.). Een deel van de kinderen is echter helemaal niet bereid zich aan te passen en in te span-

nen. Daardoor wordt de vicieuze cirkel erger, waarin ze hun eigen interessen niet op een gepaste manier kunnen uiten en door anderen steeds meer worden afgewezen.

Agressieve kinderen hebben er moeite mee normaal op anderen af te stappen en met hen te communiceren. Ze veronderstellen een vijandige bedoeling in anderen en reageren (naar hun mening terecht) agressief in plaats van vriendelijk. Bovendien bedenken ze in conflictsituaties weinig alternatieve oplossingen. In plaats van de zaak met woorden te sussen zijn ze geneigd tot directe oplossingen. Daarbij beoordelen ze hun eigen agressieve gedrag als positief en gemakkelijk uit te voeren. Ze ergeren zich snel aan kleinigheden en zijn dan geprikkeld. Ze luisteren weinig naar anderen, uiten zich ondoordacht en vaak vijandig. Dit alles is waarschijnlijk te verklaren met het feit dat agressieve kinderen **hun omgeving schijnbaar anders waarnemen** en interpreteren. Als gevolg daarvan reageren ze ook anders. De gedragsproblemen worden erger, want ze worden ook door leeftijdgenoten afgewezen omdat ze zich tegenover hen niet adequaat gedragen en egocentrisch zijn. Een belangrijk aspect is ook dat ze **weinig zelfrespect** hebben. Dat geldt met name voor de kinderen wier agressieve gedrag is ontstaan uit angst en onzekerheid in de omgang met anderen. Ze denken dat ze met hun gedrag respect kunnen afdwingen. Omdat bij deze kinderen de angst door de agressie afneemt, nemen ze steeds vaker hun toevlucht tot deze ongepaste vorm van zelfhandhaving.

De verandering van agressief gedrag is ingewikkeld. Naast de individuele omstandigheden speelt hierbij sterker dan bij andere gedragsstoornissen **het sociale milieu** een rol, met zijn trends als het 'normaal worden van geweld' in de media, de toenemende opheffing van familiale (en algemeen menselijke) banden en het najagen van de eigen belangen 'met alle mogelijke middelen'.

Natuurlijk is ook hier **voorkomen** beter dan genezen. Zo vroeg mogelijk moeten ouders hun relatie tot hun kinderen evalueren en hun privé- en beroepsleven in harmonie brengen met de zorg voor hun kinderen.

Agressieve kinderen worden niet alleen vaak door hun schoolkameraden afgewezen, maar ook (vaak onbewust) door hun ouders. Het doet er niet toe of ze vanaf het begin ongewenst en niet geliefd waren en hun gedrag zich daarnaar heeft ontwikkeld, of dat de afwijzing pas met de toenemende gedragsstoornis gekomen is; een verandering van het gedrag kan in deze constellatie niet tot stand komen, want de ouders moeten beslist actief meewerken.

Net als bij overactieve kinderen, die vaak ook impulsief zijn, hebben ouders van agressieve kinderen het zwaar te verduren en hebben ze meestal schuldgevoelens. Ze leven voortdurend in afwachting van vervelende berichten over wat hun kind weer heeft uitgespookt. Omdat de ouders meestal overbelast zijn met hun moeilijke kind, hebben ze hulp nodig. De eerste en belangrijkste hulp is dat ze zakelijk geïnformeerd worden over oorzaken en omstandigheden van de stoornis. Vaak voelen ze zich daardoor al verlost van hun schuldgevoelens en krijgen ze weer toegang tot hun kind. In de loop van de tijd zijn vaak aan beide kanten verkeerde reacties ingeslepen, de fronten zijn verhard.

Behandeling van agressieve kinderen
Met de ouders worden de door hen beschreven situaties besproken en ze krijgen alternatieve reacties aangereikt die ze ook kunnen oefenen. Er zijn video-opnamen gemaakt van gespeelde scènes waarin de ouders met verbazing zien hoe gebrekkig hun standaardreacties zijn. Aansluitend oefenen ze alternatief gedrag met een bepaalde rolverdeling (eerst zonder kind, waarvan de rol bijvoorbeeld door de therapeut wordt gespeeld). Op die manier verkrijgen de ouders zekerheid en zelfvertrouwen en durven ze op een vriendelijke manier tegenover hun kind weer een beslissing te nemen, ze laten zich ook bij aanvallen van agressie niet van de wijs brengen, controleren dingen op een zakelijke en kalme manier, zonder meteen onbeheerst kritiek te leveren. Met hulp van de therapeut leren de ouders te reageren op een manier die voor het kind berekenbaar is. De dag wordt met het kind gestructureerd, er moeten tijden worden afgesproken die voor allen bin-

dend zijn, of het nu gaat om gezamenlijke uitstapjes in het weekeinde of om gezamenlijke maaltijden, waarbij het kind zich ook van zijn dagelijkse problemen kan losmaken. Omdat agressieve kinderen leerproblemen hebben, moeten de ouders zolang als nodig is het huiswerk controleren. Op dit punt moeten eventueel compromissen worden gesloten. Het kind moet zijn huiswerk vlot maken, zonder dat het per se fout gemaakte opdrachten moet blijven overmaken. Er moet genoeg tijd overblijven om te spelen. Ook hier zijn vaste afspraken met het kind noodzakelijk, die afhangen van zijn leeftijd. Als het kind zich niet aan de afspraken houdt, moet daar een vooraf afgesproken consequentie op volgen. Als het bijvoorbeeld te laat thuiskomt, mag het iets leuks niet doen, en dat dan zonder luidkeels commentaar, maar de maatregel waarmee is gedreigd moet wel worden uitgevoerd.

In de huiselijke omgang met moeilijke kinderen is het vaak wel een probleem dat de volwassenen 'over hun toeren raken', gaan schreeuwen of zelfs handtastelijk worden en daarmee hun eigen zwakte in de situatie laten zien. Het is geen wonder dat kinderen zich dan als de sterken gedragen en hun wil steeds ongeremder doorzetten. In plaats daarvan moeten ouders hun impulsieve, weerbarstige kind rustig en vastberaden verzoeken de woonkamer te verlaten tot het weer gekalmeerd is. De volwassene moet de baas zijn, opdat het kind zich zeker bij hem kan voelen.

> Bij niet-agressief gedrag moeten de ouders niet zuinig zijn met complimenten en passende beloningen.
> De positieve bevestiging van gewenst gedrag is belangrijk om het leereffect te versterken.

Ouders moeten met hulp van de therapeut leren bepaalde verbanden beter te begrijpen en strategieën voor zichzelf te ontwikkelen. Niet alle conflicten zijn op te lossen, soms zijn compromissen onvermijdelijk. Besluiten ouders tot een compromis, bijvoorbeeld in het belang van het kind, dan moeten ze zich daar ook in de toekomst mee identificeren en kunnen ze niet hun kind onophoudelijk de 'schuld' van dat besluit geven. Een schoolkind, dat al een deel van zijn leven achter de rug heeft, komt ook niet door een therapeut opnieuw op aarde. Het moet als product van alle mogelijke invloeden geaccepteerd en bemind worden zoals het is. Streef ernaar uw kind te accepteren! Bij gezinscrises moet samen met de therapeut bekeken worden of **gezinstherapie** is toe te passen. Voorwaarde is dat alle leden van het gezin bereid zijn aan de tijdrovende en vaak inspannende gemeenschappelijke sessies deel te nemen. Dat is aan te bevelen als het opvallende kind 'gebruikt' wordt om spanningen in het gezin op af te reageren.

De **kindertherapie** is als gedragstraining zeer effectief, ongeacht de oorzaak. Hoe ouder het kind is, des te meer moet het leren zijn gedrag zelf te beheersen, desnoods ook in zijn vertrouwde omgeving. Het gedrag van de kinderen wordt met hen afzonderlijk en later in groepen geanalyseerd. Daarvoor houden ze een dagboek bij, waarin ze alle belangrijke dingen in verband met hun ouders, broers en zussen en klasgenoten noteren. De beoordeling van situaties is te ondersteunen door kleine voorvallen met typerende gedragsvormen op video te laten zien. In rollenspelen zijn soortgelijke situaties te herhalen. Het kind merkt dan – althans in de beschutte sfeer bij de therapeut – wat het effect van zijn gedrag op anderen is. Vervolgens kan het proberen dat te corrigeren. Door zulke oefeningen met andere kinderen, waarbij het 'sociale vaardigheden' opdoet, wordt het kind ook zelfverzekerder in zijn omgang met leeftijdgenoten en komt het geleidelijk uit zijn rol van buitenstaander. Daarbij speelt het systeem van beloning een belangrijke rol, zoals ik in het hoofdstuk over het hyperactieve kind uitvoerig heb beschreven (zie pag. 99 e.v.).

Om te leren kalm en bedachtzaam te reageren krijgt het kind **ontspanningstechnieken** aangereikt zoals progressieve spierontspanning of autogene training. Uiteraard hangt het succes van zo'n tijdrovende therapie af van de vraag:

☐ hoe gemotiveerd het kind is;
☐ hoe het door zijn ouders wordt ondersteund;
☐ hoe gedisciplineerd de ouders zelf de begeleidingstermijn bij de therapeut in acht nemen.

Ten slotte spelen ook de intelligentie en het leervermogen van het kind een rol. Bij nog betrekkelijk jonge kinderen blijft het problematisch als hun ouders niet bereid of in staat zijn hun relaties met en gedrag tegenover elkaar en het kind te veranderen. Daar kunnen allerlei redenen aan ten grondslag liggen, bijvoorbeeld omdat ze psychisch gestoord, ziek of asociaal zijn of ambivalent tegenover hun kind staan.

Als een kind al een sterk antisociale instelling heeft meegekregen of niet loskomt van de invloed van een bepaalde kliek, is een therapie in de bestaande omgeving niet zinvol. Bij zware stoornissen is langdurige psychotherapie in een kliniek aan te bevelen, want dat biedt mogelijkheden om het totale gedrag van het kind grondig te beïnvloeden. Tegelijkertijd ontlast de tijdelijke scheiding van de vertrouwde mensen alle betrokkenen en biedt zij betere mogelijkheden om de relaties met een schone lei te beginnen.

Nagelbijten

Bij onderzoeken onder twaalf- tot veertienjarige kinderen op een school voor leer- en opvoedingsmoeilijkheden (LOM) stelde ik met verbazing vast dat ongeveer eenderde van hen afgekloven nagels had; bij sommigen van hen was het nagelbed ontstoken. Enkele kinderen bekenden me dat ze al een paar keer hadden geprobeerd hun nagels te laten groeien omdat ze zich schaamden voor hun vriend of vriendin. Maar dat was hun niet gelukt.

> **Voorbeeld** Janine, dertien jaar, zit in de hoogste groep van een LOM-school. Het is een stil, bangig meisje. Ze stottert sinds haar vijfde jaar. In die tijd maakten haar ouders een huwelijkscrisis door; haar vader was toen bij

een vriendin gaan wonen, maar na een jaar weer teruggekeerd. Nu is het huwelijk weer enigszins harmonisch. De vader is geneigd tot spontane, ondoordachte handelingen. Ook op zijn werk is hij luidruchtig en hij weet vaak niet wanneer hij genoeg gedronken heeft, en springt dan snel uit de band. Onder invloed van alcohol heeft hij zijn vrouw en Janine ook al eens geslagen. Op school is hij vaak blijven zitten. Toen hij zestien was, is hij van school gestuurd. Hij heeft geen diploma's behaald. Haar moeder heeft eveneens een school voor moeilijk lerende kinderen bezocht. Ze is altijd al stil en inschikkelijk geweest. Ze probeert haar gezin, dat verder nog uit twee jongere kinderen van tien en zes bestaat, bij elkaar te houden, maar dat vergt eigenlijk te veel van haar.

Haar broertje van tien is wegens bedplassen en nagelbijten onder behandeling van een kinderpsychiater geweest. Hij zit op een reguliere school. De zesjarige Anja heeft last van endogeen eczeem en heeft vaak infecties die met koorts gepaard gaan, zodat ze vaak naar de dokter moet. Het huishouden en de opvoeding van de kinderen zijn volledig in handen van de moeder. Omdat ze niet genoeg geld krijgt voor de noodzakelijke dingen, heeft ze al jaren een baan voor halve dagen als schoonmaakster. Als de kinderen 's ochtends opstaan, is zij al de deur uit.

Janine ging eerst naar een reguliere school. Omdat ze nauwelijks kon praten en als ze wat zei zwaar stotterde en door haar klasgenoten werd gepest, werd ze naar groep vier van een school voor kinderen met spraakproblemen overgeplaatst. De slechte prestaties werden aan schoolangst toegeschreven. Op die school, waar ze slechts tien klasgenoten had die allemaal stotterden en les kreeg van een ervaren onderwijzeres, begon ze zich beter te voelen. Ze praatte vloeiender en werd spraakzamer. De onderwijzeres merkte echter snel dat het meisje grote problemen had met het begrijpen en logisch toepassen van de leerstof. Ook in de groep waren er spanningen omdat Janine algemeen gebruikelijke regels in de

omgang met mensen en bij het spelen niet begreep en op die manier groepsnormen overtrad.
Omdat Janine graag in die klas wilde blijven en ook de moeder erop tegen was dat het kind weer van school veranderde, bleef ze nog een jaar op die school. Het gevoelige meisje leed echter steeds meer onder haar mislukkingen, huilde vaak thuis en op school en beet intensief op haar nagels. Haar moeder gaf haar vaak een standje en verweet haar de lage cijfers. Dan moest Janine 's middags leren in plaats van dat ze mocht spelen.Vanaf groep zes ging ze naar een LOM-school. Ze is zeer te spreken over haar onderwijzeres en is blij met elk compliment. Haar cijfers zijn gemiddeld. Ze heeft nu ook een vriendin, met wie ze na schooltijd vaak tijd doorbrengt. De vriendin heeft een hond, waarvan Janine helemaal weg is.
Nagelbijten doet ze echter nog als vanouds. Dat doet ze vooral 's middags, bij het huiswerk maken en bij het televisiekijken, maar ook onder de les. Het is een soort verslaving. Ze wil mooie lange nagels hebben. Ze vindt roodgelakte nagels chic staan, maar dat gaat niet bij haar kapotte vingers. Hoewel Janines omstandigheden stabiel zijn geworden en ze niet meer overbelast en ongelukkig is, blijft ze nagelbijten.

Zo gaat dat vaak. Hoe langer een gewoonte of ongewenst gedrag bestaat, des te moeilijker is het ervan af te komen. Maar een gewoonte die nog niet zo lang bestaat, verdwijnt vaak vanzelf. Daar is een verklaring voor.
Een kind bootst een procedure na die het heeft gezien of waarop het gewezen is, bijvoorbeeld het opruimen van speelgoed volgens een bepaald ordeningsprincipe. Als de moeder het kind telkens een compliment geeft en het laat merken dat ook opruimen een leuke bezigheid kan zijn als al het speelgoed weer op zijn plaats komt, zal het steeds meer een gewoonte voor het kind worden. Dat noemen we **positieve versterking**. Bepaald gedrag wordt automatisch en slijpt erin. Hetzelfde gebeurt als de moeder het kind een standje geeft of als ze bedroefd is omdat het zijn speelgoed niet heeft opgeruimd. Een

ander voorbeeld: als je een kind laat zien hoe je kleren netjes kunt opbergen en het telkens een compliment geeft omdat het zijn kamer zo keurig opruimt, wordt die handeling een onderdeel van het vaste gedragsrepertoire, net zoals tafelmanieren. Als een kind iets heeft aangeleerd wat de ouders niet aanstaat – het gebruikt bijvoorbeeld onfatsoenlijke woorden of gaat huilend op de grond liggen als het zijn zin niet krijgt – dan moet dat er zo snel mogelijk worden 'uitgeslepen'. Vaak is het al voldoende als het kind geen aandacht krijgt of strak wordt aangekeken en daardoor duidelijk merkt dat zijn moeder dat gedrag niet kan waarderen.

> Die manier van leren wordt dagelijks in elk gezin toegepast. Zodoende krijgt het kind bepaalde sociale normen mee, die noodzakelijk zijn om in de maatschappij te functioneren.

Zo is het ook met slechte gewoonten als nagelbijten. Het begint vaak als een manier om spanningen af te reageren. Na een paar dagen is de spanning weg omdat het kind misschien door andere, mooie ervaringen wordt afgeleid of omdat het door een andere omgeving en gezamenlijke activiteiten in de vakantie zo in beslag wordt genomen dat het vergeet te nagelbijten. In dat geval gaat het vrijwel onopgemerkt voorbij. Het gedrag is nog geen automatisme geworden. Maar als er langere tijd spanningen, angsten en onzekere toestanden heersen, zet het kind zijn ontspannende, voor hem plezierige bezigheid met zijn nagels voort, ook als dat op een gegeven moment pijn gaat doen. Zo gaat dat ook met andere pijnlijke gewoonten zoals haren uittrekken, aan korsten peuteren, krabben enzovoort.
Er is nog een andere verklaring voor. Die luidt dat het vaak om kinderen gaat die te weinig gestimuleerd worden en met wie niemand zich bezighoudt. Vaak sluiten ze zich af voor hun omgeving (autistische, geestelijk gehandicapte en mishandel-

de kinderen) en activeren ze zichzelf met pijn. Ze vinden het prettig en zelfs sensueel. Veel onderzoekers zien daarin ook een aanzet tot sadomasochistisch gedrag op latere leeftijd. Ik heb maar heel zelden kunnen constateren dat kinderen zichzelf pijn doen omdat ze zichzelf willen straffen.

Voorbeeld Olivier is een intelligente jongen van twaalf die zijn hele leven zenuwachtig en erg druk is geweest. Als baby sliep hij geen enkele nacht door, hij huilde veel, braakte tijdens het eten. Als peuter werkte hij zijn ouders op de zenuwen omdat hij nooit kon stilzitten en geen moment zijn mond hield als er bezoek was. Ook in de eerste paar schooljaren was het een zeer vermoeiend kind. Hij speelde en bewoog de hele tijd druk en kletste telkens door de les heen. Zijn prestaties waren middelmatig, zijn schriftelijk werk was zelfs slecht omdat hij gehaast werkte. Met hulp van zijn ouders en adviezen van een kinderpsychiater heeft hij echter geleerd zich op één ding te concentreren en al het andere wat hem stoort en van de wijs brengt, in eerste instantie te negeren.
Zijn vader is een vooraanstaand wetenschapper aan een onderzoeksinstituut. Volgens eigen zeggen was hij als kind levendig en beweeglijk. Hij heeft jaren lang veel gevolleybald. Misschien heeft hij zich daarmee kunnen afreageren. Zijn moeder is arts. De kern van het gezin, het aanspreekpunt voor Olivier en zijn broer van zestien, is oma. De moeder van hun moeder woont in hetzelfde pand in een aparte woning. Sinds de dood van haar man, tien jaar geleden, geeft het gezin van haar dochter inhoud aan haar leven.
Olivier zit op het gymnasium. Hij heeft een goed stel hersens, kan logisch denken en weet rake opmerkingen te maken. Maar soms vergeet hij een vraag te beantwoorden of hij vergeet de termijn om iets in te leveren en maakt dan veel slordigheidsfouten in zijn werk. Hoewel niemand hem dat verwijt, ergert hij zich eraan: hij is heel eerzuchtig. Sinds de school begonnen is, bijt hij op zijn nagels en pulkt eraan, vooral als hij voor de computer

zit, maar ook als hij naar muziek luistert of naar de televisie kijkt. Lange tijd heeft hij ook in bed liggen schommelen voordat hij insliep.

Schommelen

Als je af en toe in een kindertehuis komt, kun je kinderen van alle leeftijden zien die stil in een hoekje zitten te schommelen met hun hoofd (jactatio capitis) of met hun hele lichaam (jactatio corporis). Soms maken ze die beweging ook als ze staan. Ze maken daarbij een tevreden, ietwat afwezige en vaak zelfs ontspannen indruk. En toch is het een teken van nerveuze spanning, van psychische druk die op die manier wordt ontladen.
Meestal schommelen kinderen voor het inslapen. Sommigen bewegen alleen hun hoofd heen en weer, anderen bewegen hun lichaam terwijl ze op hun knieën en ellebogen zitten.
Vaak merken de ouders het alleen als het kalme schommelen omslaat in hoofdbonken. Dat kan tot blauwe plekken of zelfs verwondingen leiden.

Voorbeeld Stefanie, een meisje van tien, werd door haar moeder bij me gebracht omdat ze al een paar keer haar hoofd tot bloedens toe tegen de rand van het bed had geslagen. Daarnaast waren er klachten van de buren, omdat het doffe, ritmische gebonk elke avond door de dunne muren heen drong.
Haar moeder, een verpleegster van achtenveertig jaar, heeft Stefanie als nakomertje gekregen, toen haar beide 'grote kinderen' al achttien en zestien waren. Bij een vruchtwateronderzoek was een afwijking van de chromosomen geconstateerd (trisomie 21 of syndroom van Langdon Down, ook wel mongolisme genoemd). De moeder besloot het gewenste kind te laten komen, hoewel ze uit eigen beroepservaring wist hoe moeilijk het dagelijks leven met een geestelijk gehandicapt kind is.
Helaas liep het huwelijk vanwege dit kind op de klippen,

zodat ze nu, na het vertrek van de oudere kinderen, alleen met Stefanie woont. Van haar collega's in het ziekenhuis moest ze afscheid nemen omdat ze niet meer in wisselende diensten kon werken.

Stefanie ontwikkelde zich goed, vergeleken bij andere kinderen die dezelfde afwijking hebben. Haar moeder las veel over de ziekte en over de omgang met zulke kinderen. Ze deed Stefanie op gymnastiekles, oefende de grote tong met een spatel en bracht haar naar een peuterspeelzaal toen ze drie was. Helaas heeft Stefanie ook een hartkwaal en vanaf haar eerste levensjaren is ze vaak ziek geweest. Toen haar oudste broer twee jaar geleden van school kwam en het ouderlijk huis verliet, begon Stefanie weer in bed te plassen, had ze vaak nachtmerries en ging elke avond in bed schommelen. Hoewel haar moeder veel tijd aan haar besteedt, maakt dat het verlies van haar broer, die een heel nauwe relatie met haar had, niet goed.

Stefanie zit hele dagen op een school voor geestelijk gehandicapte kinderen. Maar door de kinderen in de buurt wordt het meisje, dat graag met andere kinderen speelt, helaas niet geaccepteerd. Vaak komt ze huilend bij haar moeder als ze niet mag meedoen of zelfs wordt gepest. Stefanie is door haar geestelijke handicap voortdurend overbelast. Daardoor ontstaan gemakkelijk nerveuze aandoeningen, zoals in dit geval het schommelen. Het is moeilijk Stefanie deze gewoonte weer te laten afleren omdat de voorwaarden van de gewoonte slechts beperkt te veranderen zijn. Het gezin bestaat alleen nog uit haar moeder, die dit kind overigens met inzicht en toewijding opvoedt.

Als therapie ging haar moeder zich twee uur voordat Stefanie naar bed werd gestuurd, uitsluitend met haar bezighouden en bij het inslapen luisterden ze samen naar klassieke muziek (bij voorkeur Mozart). Daardoor nam het schommelen sterk af en werd het ook minder krachtig. In het begin bleef haar moeder in Stefanies kamer tot ze in slaap was gevallen.

Voorbeeld Marc is een kleine magere jongen van acht jaar, bleek, met kringen om zijn ogen en een ernstig gezicht. Hij woont sinds anderhalf jaar in een pleeggezin dat hem ook wil adopteren. Daarvoor zat hij sinds zijn derde jaar in een tehuis omdat zijn alleenstaande moeder hem volkomen verwaarloosd had. Bij de eerste contacten tussen de pleegmoeder en Marc in het tehuis maakte de aardige jongen een verlegen indruk. Hij zat vaak in een hoek te schommelen, speelde nauwelijks met andere kinderen en zei weinig. Hij praatte nog als een kind en beheerste de grammatica slecht. Marc had in het tehuis pas leren lopen toen hij drieëneenhalf jaar was, en bleef stram in zijn bewegingen. Hij maakt ook nu nog een onhandige indruk. Omdat hij nog steeds erg bang is, kan hij moeilijk fietsen en durft hij in het zwembad nauwelijks het water in.
Zijn pleegmoeder, een zeer liefdevolle vrouw van vijfendertig, houdt sinds de komst van Marc in het gezin alleen nog in de ochtenduren de boekhouding van een winkel bij. Zij heeft een heel innig contact met hem opgebouwd. 's Ochtends ging hij naar een kinderdagverblijf. 's Middags viel er een grote achterstand weg te werken. Zijn moeder regelde een icts jonger vriendinnetje voor hem om mee te spelen. Vaak las ze hem sprookjes voor, ze ging met hem naar de dierentuin enzovoort.
Hij bleek dingen goed in zich te kunnen opnemen. In zijn liefdevolle omgeving is ook zijn gedrag veranderd. Hij ging minder vaak schommelen. Hij houdt net als voorheen niet van grote groepen kinderen die veel drukte maken, maar met één of twee kinderen speelt hij graag. Wel voelt hij zich vaak voor de gek gehouden en trekt hij zich bij een meningsverschil terug. Hij is met krap zeveneneenhalf jaar naar groep vier van de basisschool gegaan, is nog wat dromerig, ook de kleinste van de klas en zeer tenger. Sinds drie maanden heeft hij een hamster waar hij op een ontroerende manier voor zorgt. Marc slaapt heel moeilijk in. Hij praat ook niet over zijn dagelijkse problemen. Omdat hij erg aan zijn pleegvader ge-

hecht is, wacht hij altijd vol spanning of hij op tijd thuiskomt om hem naar bed te brengen. Wegens allerlei verplichtingen lukt dat echter niet altijd en de vader kan zich dan niet aan zijn belofte houden. Op zulke dagen slaapt hij bijzonder onrustig en hoewel hij overdag nauwelijks meer schommelt, begint hij daar 's avonds weer mee.

Op kinderen heeft schommelen of wiegen een kalmerend effect, zoals een zuigeling in de armen van zijn moeder geniet. Vanouds wiegen mensen hun kind in slaap. Het wiegen of tegenwoordig het langzame bewegen van de kinderwagen geven het kind een gevoel van harmonie en geborgenheid. Men neemt aan dat 'herinneringen' aan het leven voor de geboorte daarbij een rol spelen, toen het kind zacht in de moeder ingebed door de wereld schommelde.

> Het schommelen is een onschuldige, voor het kind aangename en kalmerende gewoonte. In de meeste gevallen is een behandeling niet nodig of de aandacht moet daarbij gericht zijn op de oorzaken, die echter niet altijd te veranderen zijn. Als dit schommelen ook blijft bestaan nadat de levensomstandigheden harmonisch zijn geworden, kan men daar beter niets aan doen zolang er geen verwondingen bij komen.

De tic

Een kind knippert met zijn ogen, hoewel de zon helemaal niet schijnt. Een ander kind trekt grimassen en de nieuwe onderwijzer denkt dat het zit te klieren. Een derde maakt kirrende of fluitende geluiden en wordt door de andere scholieren nageaapt en van toepasselijke bijnamen uit het dierenrijk voorzien. Deze – meestal nerveuze – aandoeningen noemen we een tic.

Hoe kan een tic zich uiten?

De meest voorkomende tics zijn knipperen met de ogen en grimassen trekken, gevolgd door schudden met het hoofd en schokschouderen. Dat zijn de eenvoudige **motorische tics**. Complexe motorische tics kunnen elke soort beweging nabootsen, bijvoorbeeld in het rond draaien, huppelen, in de handen klappen, trippelpasjes maken.
Ook **vocale tics**, met geluid dus, komen veel voor. Dan wordt er gegromd, gekucht, gesnuffeld, geblaft, met de tong geklakt of gesist. Maar ook hele woorden worden uitgekraamd, bestaande of zelfbedachte. Van koprolatie (het uiten van woorden die op de lichamelijke uitscheiding betrekking hebben) spreken we alleen als het om 'onfatsoenlijke', onbetamelijke woorden gaat die vaak ook helemaal niet bij het sociale profiel van dat kind passen.
Een bijzonder ingewikkelde, chronische aandoening is bekend als het tourettesyndroom, genoemd naar de Parijse neuroloog Gilles de la Tourette (1857-1904), die de ziekte heeft beschreven. Die aandoening heeft vermoedelijk een organische oorzaak.
Volgens verschillende onderzoeken heeft vijf tot vierentwintig procent van alle kinderen wel eens een tic gehad. Velen van hen hebben al voor de schoolleeftijd gedurende een paar dagen of weken de tic vertoond, die vervolgens weer verdween. Dezelfde verschijnselen (of andere) kunnen zich ook in zeer belastende situaties voordoen of zelfs blijven bestaan.
Een tic is voor het betreffende kind erg hinderlijk, omdat het in zijn omgeving opvalt en er vaak om wordt geplaagd. Vaak krijgt het kind ook op zijn kop omdat de mensen denken dat het anderen wil treiteren. Soms kunnen deze veelsoortige verschijnselen uit een gewoonte zijn voortgekomen. Het haar was zo lang dat het vaak in het gezicht hing, zodat het met een hoofdbeweging werd teruggeworpen. Geknipper met de ogen kan ontstaan zijn uit een lichte prikkeling van het bindvlies van het oog of door krachtige zonnestraling, enzovoort.

Zulke bewegingen worden automatisch en blijven bestaan, ook als ze geen zinvolle functie meer hebben: ze zijn op zichzelf staand geworden. Onbewuste nabootsing kan eveneens een dergelijke beweging op gang hebben gebracht.
Vaak bestaat de tic ook zonder dat dergelijke verbanden zijn aan te wijzen. De tic begint in een periode van zware psychische belasting van het kind, bijvoorbeeld als het net op een kinderdagverblijf zit, tijdens een scheiding van de moeder of tijdens een conflictperiode in het gezin, die met felle ruzies in de buurt van het kind gepaard is gegaan. Deze staalkaart is naar believen aan te vullen.

Ook hier geldt: de stabiliteit van het kind tegenover gebeurtenissen in zijn omgeving speelt een belangrijke rol. Een zeer gevoelig kind reageert al bij geringe frustratie of belasting met een tic, een ander kind doorstaat de moeilijkste situaties zonder uiterlijke symptomen.

Een volgende vraag is waarom het ene kind op een belasting reageert met een tic, het andere met bedplassen en weer een ander kind met angsten. Veel mensen hebben een orgaan dat bij psychische belasting een bijzondere reactie vertoont, in zijn functioneren sneller verstoord is dan andere organen (zie ook het hoofdstuk 'Het vegetatief zenuwstelsel', pag. 33 e.v.). Andere kinderen reageren niet met lichamelijke, maar met psychische symptomen.
Het is belangrijk dat een tic onwillekeurig optreedt, dus niet willens en wetens is te onderdrukken. Veel kinderen kunnen hun tic echter voor korte tijd opschorten, met name als ze er zelf erg veel last van hebben. Dan hoopt zich wel steeds meer spanning op, die om ontlading vraagt.

Voorbeeld Andreas heeft sinds zijn vierde levensjaar af en toe perioden waarin hij snuffelt. Vaak was hij tegelijkertijd ziek, wat met koorts gepaard ging, waarvan hij slechts langzaam herstelde. Hij is dan snel moe en geïrriteerd. Toen hij naar school ging, werd die gewoonte sterker, hoewel hij er vanaf het begin met plezier naartoe ging en vlot leerde. Omdat hij heel ambitieus is en altijd de beste wil zijn, eist hij te veel van zichzelf. De overbelasting leidt ertoe dat hij ongewild woorden uitkraamt als 'varken' en dergelijke. Andreas vindt dat vervelend, hij schaamt zich en probeert het te onderdrukken. Daardoor komt hij onder nog grotere spanning te staan, die hem veel energie kost. Dan kan hij zich helemaal niet meer concentreren. In de pauzen staan er altijd een paar jongens, maar ook meisjes bij hem in de buurt die zich amuseren om zijn onfatsoenlijke woorden.

De twaalfjarige jongen is normaal gebouwd. Afgezien van versterkte vegetatieve symptomen als koude, zweterige, licht trillende handen en zeer levendige reflexen zijn er geen lichamelijke symptomen. Hij wordt beschreven als zeer gevoelig, vatbaar voor ziekten en enigszins betweterig. Hij houdt zijn kamer, waar hij alleen slaapt, heel netjes. Hij is buitengewoon pietluttig en heeft soms ruzie met zijn jongere broer, als hij merkt dat die op zijn kamer is geweest. Hij speelt vaak met zijn vriend op diens computer. Omdat hij niet erg lenig is, gaat hij sportieve bezigheden uit de weg. 's Avonds kost het hem bijna een uur om in slaap te vallen. Dat is de laatste tijd erger geworden omdat hij piekert over zijn tic. Op school zijn er geen problemen. Hij behoort op het gymnasium tot de betere leerlingen. Andreas is zeer gemotiveerd om van zijn tic af te komen. Hij wil daarvoor alles doen wat ik met hem heb besproken. We hebben besloten gedragstherapie toe te passen, waarbij we beginnen met een procedure voor zelfwaarneming. Hij gebruikt al een medicijn. Daarmee is de tic nog niet verdwenen, maar de spanning is al minder geworden als hij de kreten onder controle probeert te houden.

Behandeling van een tic
De behandeling van een tic is moeilijk en vergt vaak veel tijd, vooral wanneer hij al lang bestaat. De eerste vraag is in hoeverre **therapie noodzakelijk** is. Als een stoornis pas korte tijd bestaat, is de kans groot dat ze weer vanzelf verdwijnt, als tenminste de omstandigheden die er de oorzaak van zijn, geen invloed meer hebben. Daarom worden eerst – samen met de ouders en het kind – de factoren die de tic vermoedelijk veroorzaken, op een rijtje gezet. Meestal is het bij een pas kort bestaande tic voldoende deze factoren zoveel mogelijk te wijzigen.
De meest voorkomende oorzaak is een wanverhouding tussen het prestatievermogen respectievelijk de belastbaarheid van het kind enerzijds en de gestelde eisen anderzijds. Deze wanverhouding wordt versterkt door de irreële verwachting die sommige ouders van hun kind hebben, of door de eerzucht en de dwang van het kind zelf. Als het kind al door een normale schooldag wordt overbelast, moeten de mogelijkheden worden nagegaan om dat te compenseren. De middag moet in ieder geval zo harmonisch mogelijk ingedeeld worden, zodat er genoeg tijd is voor spel en beweging. Maar we moeten er ook voor zorgen dat het kind zich gewaardeerd voelt en successen kan beleven, zodat zijn lichamelijke en psychische krachten sterker worden. Natuurlijk moet ook de school onder de loep worden genomen om te zien of daar spanningen en frustraties leven die te verhelpen zijn.
Het kind wordt dus in ieder geval met zichzelf in evenwicht gebracht als aan de uiterlijke omstandigheden weinig of niets te veranderen valt. Datzelfde geldt voor belastingen in het gezin: een gevoelig kind reageert met nerveuze aandoeningen op ruzies of spanningen tussen zijn ouders of broers en zusters. Maar vaak zijn conflicten niet zo gemakkelijk op te lossen. Ook dan helpt een **stabilisering** van het kind.
Als de tic al langer bestaat en hinderlijk is of als er al consequenties uit zijn voortgevloeid, zoals een sociaal isolement of constante pesterijen, is therapie noodzakelijk. Wat oudere kinderen hebben soms mechanismen ontwikkeld om hun tic te verbergen door hem bijvoorbeeld in hun bewegingen op te ne-

men. Zulke mechanismen voor zelfcontrole kunnen systematisch met een therapeut verder worden ontwikkeld.
Bij zware tics is het tegenwoordig gebruikelijk een **behandeling met medicijnen** te beginnen. Die ondersteunt andere therapieën en kan vaak tot een kleine dosis worden teruggebracht of zelfs helemaal achterwege blijven zodra gedragstherapie effectief blijkt te zijn.

Voor **gedragstherapie,** die nauwe samenwerking op wat langere termijn tussen het kind, de ouders en de therapeut vergt, alsmede wilskracht en doorzettingsvermogen, moet eerst een nauwkeurige analyse van de omstandigheden worden verricht. Een kind dat nog erg klein is of nog nauwelijks dagelijkse plichten kan vervullen, kan zo'n therapie nog niet volhouden.

Maar ook drukbezette ouders, die geregeld afspraken voor de therapie (moeten) afzeggen, die ook thuis nauwelijks tijd hebben om samen met het kind te oefenen, kunnen zich beter de mislukking besparen die het einde van de therapie betekent. Welke gedragstherapeutische maatregelen worden toegepast, hangt natuurlijk van de therapeut af. Bij wijze van informatie noemen we er enkele.

Bij de **zelfwaarnemingstraining** leert het kind zichzelf waar te nemen, de frequentie en de intensiteit van de ticverschijnselen in de gaten te houden en ook de situaties waarin ze krachtiger zijn. Vaak roept deze fase van de therapie al weerstand bij het kind op, omdat het zijn symptomen tot die tijd nog nauwelijks heeft opgemerkt of heeft verdrongen. Maar het is meestal wel in staat zijn tics waar te nemen als het zich daar sterk op concentreert. Bij interessante spelletjes of gesprekken is dat moeilijker en dan moet het kind zowel bij de therapeut als thuis oefenen. Vervolgens leert het de eerste tekens van een opkomende ticuiting te herkennen (toenemende spanning en onrust); het is de bedoeling dat het de tic leert vertragen of de situaties waarin de tic opkomt leert vermijden.

Het is heel zinvol als daarnaast een **ontspanningsmethode** wordt geleerd en beheerst. Daardoor nemen namelijk stress en spanning in het algemeen af. Progressieve spierontspan-

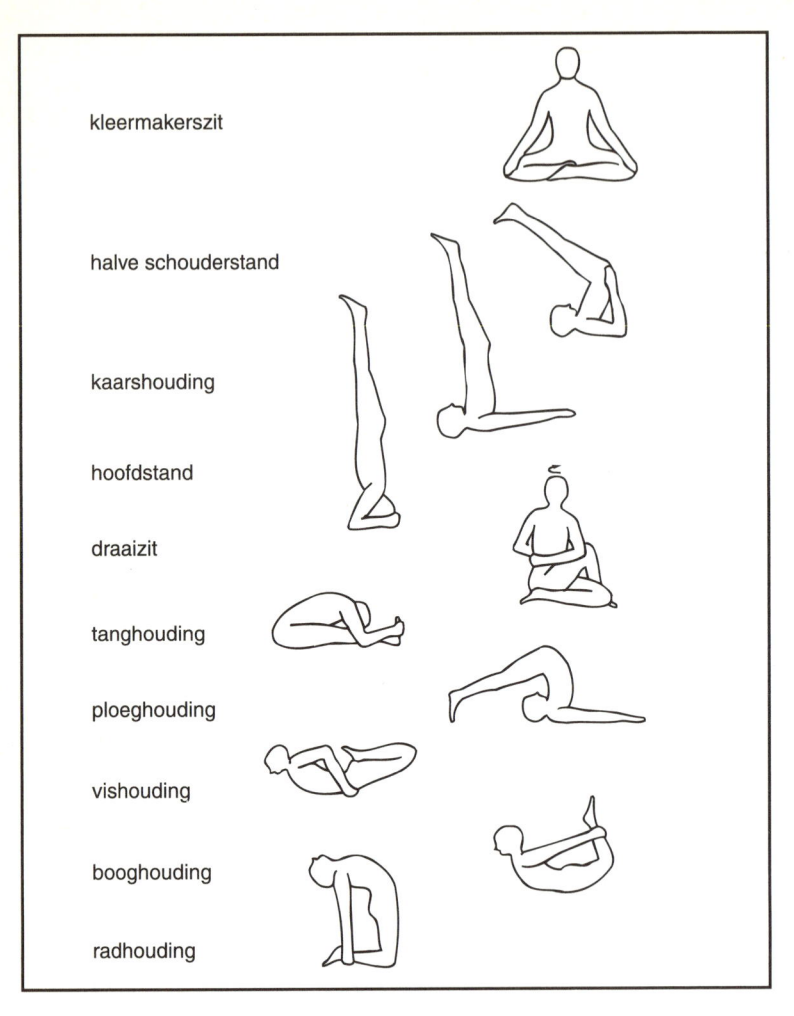

kleermakerszit	
halve schouderstand	
kaarshouding	
hoofdstand	
draaizit	
tanghouding	
ploeghouding	
vishouding	
booghouding	
radhouding	

Yoga-oefeningen voor kinderen

ning en ademtechnieken zijn voor kinderen heel goed te leren. De iets moeilijker te leren autogene training en beeldrijke voorstellingen van kalmerende taferelen zijn bijzonder geschikt om de zelfcontrole te ondersteunen.

Zeer doeltreffend is een methode gebleken waarmee een **motorische tegenbeweging** op de ticreactie wordt aangeleerd. Dat is echter niet zo gemakkelijk als misschien lijkt, want

deze beweging, die enkele minuten lang moet worden volgehouden, moet zo onopvallend mogelijk zijn. Het kind spant namelijk de spiergroepen die tegengesteld aan de ticbeweging werken. Ter bestrijding van de tic waarbij het kind met zijn ogen knippert, is systematisch knipperen met de ogen effectief gebleken; bij vocale tics moeten bepaalde ademtechnieken worden toegepast, enzovoort. Ten slotte is het bij alle behandelingen goed successen te belonen (te 'bekrachtigen'). Bij kinderen gaat dat op een speelse manier met symbolische cadeautjes als chips, wat kleingeld of plaatjes. Bij een afgesproken aantal cadeautjes kan het kind een echte beloning krijgen, al dient die eerder de vorm van een gezamenlijk uitstapje te hebben dan van iets materieels.
De laatste stap van al deze therapeutische inspanningen is altijd de generalisering; dat wil zeggen: de succesvolle toepassing van het geleerde in het dagelijks leven.

Het kind met grote geldingsdrang

Voorbeeld Julia, een meisje van dertien, werd met spoed naar het ziekenhuis gebracht. Ze had 's ochtends niet uit bed kunnen komen omdat ze aan beide benen verlamd was. Haar ouders waren erg bezorgd. De huisarts kon niets vinden. Ze had de dag daarvoor geen enkele klacht geuit; ook konden ze zich niets van een ongeval herinneren. Tijdens het onderzoek bleek niet dat ze koorts of een of andere pijn had. Julia maakte ook geen zieke indruk. Ze liet alles heel gelaten over zich komen, maar was in geen geval zo paniekerig als haar ouders.
De onderzoeken in het ziekenhuis, tot en met een computertomografie van het hoofd en van de wervelkolom, brachten niets bijzonders aan het licht. Men stond voor een raadsel, vooral omdat ook de reflexen bij het neurologische onderzoek niet overeenstemden met de volledige verlamming. Ten slotte werd het kind naar de afdeling kinderpsychiatrie overgeplaatst, omdat na het uitsluiten van organische oorzaken nu de psyche moest worden

doorgelicht. En kijk eens aan: tijdens empathische gesprekken kwam het volgende boven tafel. In het afgelopen weekeinde was Julia met haar vriendin Andrea en Andrea's moeder bij familie op bezoek geweest. Daar maakte ze kennis met de vijfentwintigjarige Mark, die als gevolg van een ernstig motorongeluk in een rolstoel zat. Ze vond hem erg sympathiek en had tegelijkertijd bewondering voor en medelijden met hem. Iedereen had veel belangstelling voor hem gehad; hij was het middelpunt van het gezelschap. Daarna had ze aan niets anders meer kunnen denken. Toen ze dat allemaal in tranen had verteld, werd haar uitgelegd dat kinderen met een zeer sterke fantasie zich in een dergelijke toestand kunnen verplaatsen zonder dat ze dat zelf goed beseffen. Even later deed ze – tot haar eigen verbazing – haar eerste onzekere pogingen om te lopen en na een paar uur kon ze haar benen weer volkomen normaal gebruiken. De ouders waren zielsgelukkig toen Julia weer naar hen toe kwam lopen.

Uit een gesprek met de ouders bleek dat hun dochter al voordat ze naar school ging, opviel door haar bovenmatige fantasie. Vaak wisten ze niet of de ongelooflijke 'ware gebeurtenissen' die Julia in het kinderdagverblijf had meegemaakt, klopten of niet. Ze waren verrast toen ze merkten dat Julia vaak zelf overtuigd was van de waarheid van haar verhalen en zelfs toen ze op school zat geen onderscheid wist te maken tussen fantasie en realiteit. Ze leefde zich helemaal in die 'gebeurtenissen' in, vooral als ze merkte dat haar gezelschap geïnteresseerd, misschien zelfs verbaasd, luisterde. Vaak ging het dan om wensfantasieën. Ze vertelde bijvoorbeeld dat op school iedereen versteld stond over wat zij als enige over een bepaald onderwerp wist, en dat de directeur haar sindsdien vriendelijk groette, of dat ze haar allemaal hadden geholpen bij een ruzie tegen een vervelend meisje en dat het nu allemaal haar vriendinnetjes waren.

Sommige van haar klasgenoten vonden haar geweldig omdat ze zulke fantastische verhalen kon vertellen en ook gekke streken bedacht, andere noemden haar 'de opschepster'. En het was ook voorgekomen dat ze andere kinderen had verklikt om zich bij de leerkracht te onderscheiden, of dat ze een leugen had verteld in plaats van een fout toe te geven. Ze moest altijd in het middelpunt staan. De leerkrachten beoordeelden haar ook heel uiteenlopend. Terwijl ze een jonge lerares met haar onderbrekingen en betweterij (rivaliteitsgedrag) wit van woede maakte, gedroeg ze zich tijdens de les van een ervaren leraar keurig aangepast, beleefd, zelfs ijverig. Het kwam ook voor dat ze geld uit de portemonnee van haar moeder haalde om kleine attenties voor haar medescholieren te kopen en zo bij hen in de gunst te blijven.

Als ze bijvoorbeeld in de vakantie in een nieuwe groep leeftijdgenoten belandde, probeerde ze met opvallend gedrag in het middelpunt van de belangstelling te komen. Ze vertelde bijvoorbeeld meteen dat haar vader professor was (wat klopte) en dat haar moeder als beroemde actrice in Hollywood aan een film had meegewerkt (wat niet klopte). Een andere keer had ze opgesomd aan welke erge ziekten ze al geleden had (wat ze uit gesprekken van haar vader had opgevangen), die ze dan ook tot in details en in geuren en kleuren wist te beschrijven. Aanvankelijk hingen allen aan haar lippen en stonden dicht om haar heen, maar na korte tijd hadden ze haar door. Haar ouders waren allebei eerlijke, hartelijke mensen, die hun kinderen liefdevol en consequent met vaste taken en afspraken opvoedden. Als ze hoorden van het gedrag van hun dochter, waren ze telkens weer verbaasd over haar 'onnodige opschepperij'. Vooral de moeder is vaak droevig omdat Julia – geheel in tegenstelling met haarzelf en haar drie jaar oudere zuster – een tamelijk oppervlakkig persoon zonder diepere zielenroerselen lijkt te zijn, die vlot contact maakt en veel waarde aan uiterlijkheden hecht, maar duidelijk niet in staat is iets met volharding na te streven en in stand te houden. Aan de andere kant heeft Julia veel behoefte aan waardering en complimenten, want ze twijfelt vaak aan zichzelf, weet zichzelf niet goed in te schatten met haar sterke en zwakke kanten en maakt ondanks haar scherpe verstand op het sociale vlak geen rijpe indruk, althans niet in overeenstemming met haar leeftijd. Julia is een gemiddelde leerling. De leraren hebben geregeld tegen de ouders gezegd dat ze erg intelligent is, maar inspanning uit de weg gaat en alleen oppervlakkig leert. Met wat meer ijver zou ze haar gewenste waardering door prestaties verwerven en dan had ze haar curieuze capriolen niet nodig.

Als we de tamelijk zeldzame acute symptomen zoals de beschreven verlamming buiten beschouwing laten, is het gedrag zoals Julia dat vertoont, helemaal niet zo zeldzaam. Er zijn vele oorzaken voor geldingsdrang en meestal spelen daarbij ook andere eigenschappen een rol:

☐ weinig bereid zich in te spannen;
☐ oppervlakkig;
☐ goed aanpassingsvermogen;
☐ makkelijk te beïnvloeden;
☐ fantasierijk;
☐ zeer kwetsbaar, weinig stabiel zelfbewustzijn.

Soms leiden **ontbrekende gezinsrelaties** al in de vroege kindertijd ertoe dat het kind geen stabiele betrekkingen met andere mensen kan opbouwen. Het kan zijn dat de ouders (of alleen de moeder of de vader) sterk naar buiten gericht leven, vele maatschappelijke verplichtingen hebben of relaties waarin voor het kind geen plaats is, of wegens ziekte of beroepsmatige verplichtingen vaak afwezig zijn en daardoor het kind slechts oppervlakkig in hun leven kunnen betrekken. In dat geval kunnen ze het ook geen zekerheid bijbrengen. Als het kind geen vertrouwen in de relatie tot andere mensen kan beleven en opbouwen, is het ook tegenover zichzelf onzeker; het heeft geen zelfvertrouwen.
Op die manier ontwikkelen zich kinderen die zich onvoldoende kunnen binden, zonder zelfvertrouwen, tot volwassenen die hun waarde afhankelijk maken van constant wisselende

reacties uit hun omgeving; daarom proberen ze hun omgeving met het onbewust spelen van rollen (theatraal gedrag) te manipuleren en overal aandacht en bevestiging te krijgen. Als ze eenmaal volwassen zijn, vertonen ze vaak ook op seksueel gebied verleidelijk gedrag, wat niet zozeer op begeerte berust als wel het gevoel van eigenwaarde moet bevestigen. Op ons geval was dat alles niet van toepassing. Beide ouders hadden hun kinderen met veel liefde omgeven. De moeder had gedurende enkele jaren geen werkzaamheden buitenshuis en compenseerde daarmee beslist de afwezigheid van de vader, die 's avonds vaak laat thuiskwam. De vader, die dol op kinderen was, hield zich met name in het weekeinde met zijn gezin bezig en speelde dan met zijn kinderen. Het gezin maakte over het geheel genomen een harmonische indruk. Op de vraag waar dit gedrag van Julia dan wel vandaan zou kunnen komen, antwoordde haar moeder glimlachend dat ze op een broer van haar vader leek, die jaren geleden naar de Verenigde Staten was geëmigreerd en die ze pas onlangs bij een bezoek in Amerika had ontmoet. Deze overeenkomst verbaasde haar des te meer omdat Julia deze oom tot dusverre alleen uit verhalen kende. Het is dus aannemelijk dat het hier om een karaktereigenschap gaat die **familiegebonden** is. Bij een krachtiger manifestatie spreken we van een persoonlijkheidsstoornis.
Een andere mogelijke ontstaansvoorwaarde is natuurlijk dat een kind opgroeit in een gezin waarin het zulk gedrag waarneemt. Wellicht wordt dat gedrag, bijvoorbeeld van een opschepperige vader, met succes beloond, wordt het door de moeder als voorbeeld gesteld en onvoorwaardelijk goedgekeurd. Ook kan het zijn dat de vader ondanks of juist daardoor (bijvoorbeeld omdat de fantasie aan artistieke begaafdheid is gekoppeld) sociale erkenning weet te krijgen. In dat geval kan het kind het succesvolle voorbeeld van zijn vader overnemen en onbewust zijn gedrag nabootsen.

Wat kunnen ouders doen als hun kind al te veel geldingsdrang heeft?
Wat ouders aan de geldingsdrang van hun kind kunnen doen, hangt af van de omvang van het gedrag en van de vraag of

het kind gedragsvormen kan ontwikkelen die daartegen opwegen. Iedereen kent het gezegde: 'Een brutaal mens heeft de halve wereld.' We moeten ons dus afvragen: 'Wie heeft er last van? Wie lijdt er schade door?'

We moeten onderscheid maken tussen een gezonde **geldingsbehoefte** en **geldingsdrang**. Het is belangrijk dat een kind waardering en lof krijgt als het een prestatie heeft geleverd; dat is met name het geval als het door de natuur minder bedeeld is, of het nu gaat om zijn lengte, zijn uiterlijk, zijn lichamelijke behendigheid of om een of ander gebrek. Vergeleken bij wat leeftijdgenoten doen, zijn het misschien geringe prestaties. Maar misschien heeft het er heel veel moeite voor gedaan. Dat is bijzonder belangrijk bij kinderen die op grond van hun geestelijke ontwikkeling in de kring van leeftijdgenoten altijd het onderspit delven en de regels niet begrijpen. Dan moeten de volwassenen ingrijpen, ook al dienen de ouders zich niet constant te bemoeien met de relaties tussen hun kinderen en leeftijdgenoten.

Het komt er dus op aan dat de redenen voor de geldingsdrang worden gevonden. Overigens is een verandering van gedrag zeer moeilijk te bewerkstelligen, als in de eerste levensjaren al bepaalde karaktertrekken zijn gevormd of stoornissen in de relatie tussen ouders en kind zijn opgetreden. Het is heel belangrijk dat het kind zich kan richten naar vaste 'spelregels' die al sinds zijn vroege jeugd gelden en constant zijn bijgehouden. Telkens als het te pas komt, dient het kind gewezen te worden op de gevolgen van zijn gedrag (schade voor zichzelf, in plaats van verhoogd aanzien). Omdat het demonstratieve gedrag vaak een overcompensatie van onzekerheid is, heeft het kind in elk geval veel warmte en betrouwbaarheid nodig. Dat kost de volwassenen veel energie, omdat deze kinderen zich soms heel goed kunnen aanpassen en ongelooflijk charmant kunnen zijn teneinde hun doel te bereiken. Het is zeer problematisch als in een gezin een volwassene zwaar onder het gedrag van het kind lijdt en zich zorgen om de toekomst maakt, terwijl een ander gezinslid zelf soortgelijk gedrag vertoont en daardoor voortdurend conflicten heeft en zich niet kan oriënteren.

De stille problemen

Hoofdpijn

Voorbeeld Peter, een zeer bleke jongen van elf jaar, komt met zijn oma op het spreekuur. Het was de bedoeling dat zijn moeder zou komen, maar zij had net een zware migraineaanval met misselijkheid en klachten over de bloedsomloop. De grootmoeder vertelt dat Peter net als zijn moeder last heeft van migraine. Overigens had ook haar man en zijn zuster, dus Peters grootvader en oudtante, soortgelijke klachten. De grootvader had echter heel zelden een migraineaanval.
Peter heeft ongeveer sinds zijn vijfde jaar last van hoofdpijn. Aanvankelijk dacht men niet aan migraine, omdat hij op school slechts een uurtje ging liggen en dan weer verder aan alles meedeed. Soms vertelde hij het zelfs niet aan zijn moeder als ze hem kwam ophalen. De bijzonder vriendelijke kleuterleidster had hem in haar spreekkamer gelegd, met de gordijnen dicht, omdat hij over het felle licht had geklaagd. Toen ze naar hem ging kijken, lag hij diep te slapen. Sinds hij in groep drie zit, zijn de aanvallen steeds heviger geworden. Soms staat hij al met zware hoofdpijn op, die dan in het gebied van zijn slapen en schedel zit. Dan is hij heel misselijk en moet soms ook overgeven. Hij kan zijn ogen nauwelijks opendoen omdat het schelle licht een 'pure kwelling' is. Op zulke dagen ziet hij er nog bleker uit dan anders en heeft hij kringen om zijn ogen. Hoewel hij heel graag naar school gaat, is hij daartoe op zo'n dag niet in staat. Zijn moeder geeft hem dan een halve migrainepil en houdt hem in

bed. Na twee uur staat hij 'als herboren' op, eet wat en kan dan weer naar school.

In het laatste half jaar zijn de aanvallen echter een paar keer per maand opgetreden, soms 's ochtends op school, maar ook in het begin van uitstapjes waarop hij zich bijzonder verheugd heeft, of eenmaal tijdens een optreden van het orkest waarin hij viool speelt. Nu heeft hij erop aangedrongen dat 'er iets gebeurt'.

Peter is voor zijn leeftijd groot, heel slank, met bruin haar, bleke huid en opvallend grote pupillen. Hij heeft het snel koud en heeft vaak koude handen en voeten ('net als mijn moeder'). Op school haalt hij goede tot zeer goede cijfers. Hij zit vaak over zijn boeken gebogen, wil alles precies weten en ergert zich mateloos als hij net geen beter cijfer heeft gekregen. En dan moet hij ook nog op zijn viool oefenen. Het instrument was zijn uitdrukkelijke wens, omdat zijn schoolvriend ook op vioolles zit. Hij komt weinig in de buitenlucht en geeft weinig om sport. Hij is wel heel lenig, maar is minder sterk dan de meeste anderen.

In dit geval gaat het om **hoofdpijn** die met onregelmatige tussenpozen kan terugkeren en heel zwaar kan zijn, maar ook telkens weer zonder behandeling verdwijnt. Tussen zulke aanvallen van hoofdpijn, die we migraine noemen, voelt de patiënt zich goed en is hij helemaal gezond en volledig belastbaar.

> Migraine komt ook al bij kinderen voor.

Epidemiologische onderzoeken bij enkele duizenden schoolkinderen in Zweden en Groot-Brittannië hebben uitgewezen dat 2,5 procent van de kinderen van zeven tot negen jaar migraine heeft. Bij tien- tot twaalfjarigen bedraagt dat percentage 4,6 en bij dertien- tot vijftienjarigen 5,3. Voor volwassenen

wordt in verscheidene Europese studies ongeveer tien procent genoemd.
Naarmate met de leeftijd de frequentie toeneemt, stijgt het aantal meisjes. In de kinderjaren hebben ongeveer evenveel meisjes als jongens migraine. In de loop van de jaren komen de meeste jongens ervan af, maar bij veel meisjes begint de migraine pas in de puberteit of zelfs nog later. Ik krijg op mijn spreekuur vaak kinderen bij wie de eerste aanvallen al voor de schoolleeftijd zijn begonnen. Omdat het begin vaak niet zo kenmerkend is als bij volwassenen, denkt de omgeving niet meteen aan migraine, zelfs niet als één van de ouders of andere gezinsleden daar last van heeft, wat toch vaak het geval is. Als ik de verschillende verschijningsvormen beschrijf, geef ik aan hoe migraine zich bij zuigelingen en peuters manifesteert.

Oorzaken

De **oorzaken van migraine** zijn nog niet helemaal onderzocht. Het is wel bewezen dat er sprake is van een erfelijke aanleg (dispositie) voor reguleringsstoornissen in het centrale zenuwstelsel, die tot de kenmerkende symptomen van migraine leiden.
In het begin van een aanval zijn de bloedvaten in bepaalde delen van de hersenen vernauwd. Deze delen worden daardoor slechter doorbloed en krijgen dus minder zuurstof. De gevolgen zijn symptomen die **aura** worden genoemd. Voordat de pijn begint kunnen zich bijvoorbeeld gezichtsstoornissen, duizeligheid, soms ook spraakstoornissen, krachtsverlies of een verdoofd gevoel in lichaamsdelen voordoen. Daarna worden de grote hersenvaten zeer wijd – als gevolg van een veranderde concentratie van belangrijke organische stoffen die zorgen voor de informatieoverdracht binnen het zenuwstelsel. Tegelijkertijd worden de haarvaten (capillairen) nauwer, zuurstofrijk bloed bereikt de weefsels onvoldoende en wordt onbenut meteen weer in het veneuze stelsel geleid (zogeheten arterioveneuze kortsluiting). De bloedvaten stuwen meer vloeistof door, zodat zich een perivasculair oedeem vormt.
Ten slotte worden de pijnreceptoren die zich in de wanden van

De overgevoeligheid voor geluid wordt in *Alice in Wonderland* beschreven. De schrijver Lewis Carroll leed zelf aan hevige migraine.

de bloedvaten bevinden, zodanig in hun gevoeligheid veranderd dat de pijndrempel lager wordt en pijn dus intenser wordt ervaren. Deze en andere gecompliceerde lichamelijke veranderingen zijn in onderzoekscentra aangetoond tijdens vele migraineaanvallen.

Waardoor dit mechanisme op gang wordt gebracht en welk stukje van de legpuzzel bepalend is, is nog onderwerp van onderzoek. Sommige wetenschappers kennen de zich opeenhopende bloedplaatjes (trombocyten) grote invloed toe, anderen vermoeden dat serotonine, een stof die in het hele proces een belangrijke rol speelt, invloed heeft.
Onafhankelijk van hun oorzakelijke functie zijn deze veranderingen voor de therapie van groot belang. Deze stoornissen zijn namelijk tegen te werken of zelfs te voorkomen met middelen die een vereffenende (compensatorische) uitwerking heb-

ben of zelfs het mechanisme tegenwerken. Maar vermoedelijk zijn al deze veranderingen die tijdens een pijnaanval zijn aan te tonen, vervolgverschijnselen en ligt de eigenlijke oorzaak in een gebrekkig functioneren van het centrale zenuwstelsel. In delen van de tussenhersenen (diëncephalon) worden de basisfuncties van het lichaam aangestuurd, bijvoorbeeld honger/verzadiging, de bloedsomloop, het slaap-waakritme. Via vele dwarsschakelingen met andere hersencentra worden signalen naar organen gestuurd en daar vandaan ontvangen. Bij veel mensen die aan migraine of gewone hoofdpijn lijden, kunnen andere vegetatieve basisfuncties gemakkelijk verstoord worden. Dat is een aanwijzing dat niet alleen functies van de bloedvaten verstoord zijn, maar ook die van het centrale zenuwstelsel.

Het klachtenbeeld
Het begrip migraine is afgeleid van het Griekse 'hemikrania' ('halfschedel'). De Griekse arts Galenus (129-201) gaf er als eerste een beschrijving van. Het woord geeft de vaak geconstateerde halfzijdigheid van de pijn weer.

> We spreken van migraine bij terugkerende, tijdelijke aanvallen van hoofdpijn die enkele uren (tot maximaal drie dagen) duren. Vaak gaan ze gepaard met misselijkheid tot brakens toe of met gezichtsstoornissen.

De diagnose wordt ondersteund door:

☐ het voorkomen van migraine in de familie;
☐ eenzijdigheid van de pijn;
☐ pijn met pulserend karakter;
☐ lichamelijke en psychische bijverschijnselen.

Bij kleine kinderen is het beeld zelden zo kenmerkend als bij volwassenen met klassieke migraine. De aanvallen zijn korter en minder heftig. De migraine manifesteert zich ook niet altijd op dezelfde manier. Zo kan een jongen van vijf de ene keer over plotselinge buikpijn klagen. Hij ziet er heel bleek uit en moet eventueel overgeven. Opeens is alles voorbij en speelt hij weer met plezier. De andere keer heeft hij hoofdpijn en zegt dan misschien dat alles voor zijn ogen schemert. Met een koude doek op zijn voorhoofd en zijn slapen ligt hij een tijdje stil, laat zich troosten, valt in slaap en als hij wakker wordt zijn alle klachten verdwenen. Weer een andere keer kan hij hoofdpijn hebben die met heftige braakneigingen gepaard gaat. Na het overgeven voelt hij zich beter, hij wordt rustiger en 'slaapt' de aanval 'uit'. Het is belangrijk de arts al deze details te noemen, want dan kan hij daarmee rekening houden bij zijn therapeutische adviezen.

Vormen van migraine

Schoolgaande kinderen, jongeren en volwassenen beschrijven vaak een verloop van de aanvallen dat kenmerkend voor hen is. Maar ook bij individuele migrainelijders kunnen verschillende vormen elkaar afwisselen.
De eenvoudige of **gewone migraine** (Engels: *common migraine*) komt vaak voor in de kinderleeftijd. Lichte vormen nemen na enkele uren af; misselijkheid en braken kunnen voorkomen. Zwaardere vormen kunnen enkele dagen duren – samen met een sterk gevoel ziek te zijn – en tot overmatig gebruik van pijnstillers leiden; daarbij bestaat het gevaar dat de hoofdpijn chronisch wordt. Juist zeer ambitieuze kinderen en jongeren, die altijd 'fit' willen zijn, pakken vlug een pil uit het medicijnkastje, waarbij ze misschien het voorbeeld van de ouders volgen.
Van **klassieke migraine** (migraine met aura, migraine met visuele beelden) spreken we als voor of ook tijdens de pijnaanvallen de ogen worden geprikkeld of uitvallen. De visuele verschijnselen kunnen kleurrijke cirkels, lichtpunten, beelden met gekartelde randen of flitsen zijn. Tijdelijk kan het gezichtsvermogen ook verminderen, tot blindheid toe, of een

deel van het gezichtsveld valt uit. In die fase kan de patiënt bijvoorbeeld iemand die tegenover hem zit, gedeeltelijk scherp zien en gedeeltelijk helemaal niet. Er kan ook sprake zijn van verdoofd gevoel of een kriebelgevoel (zogenaamde paresthesie) in de armen of de benen, spraakstoornissen, in zeldzame gevallen zelfs van spierzwakte tot verlamming van de ledematen of van de oogspieren toe.
Als zulke symptomen na de pijnaanval nog blijven, gaat het om een **gecompliceerde migraine**.
Ten slotte beschrijven veel mensen dat ze tijdens hun migraineaanvallen ruimte of tijd anders waarnemen. Dan lijkt bijvoorbeeld een hond heel langzaam als in slowmotion op iemand af te lopen, zijn sprongen lijken een soort zweven. Omgekeerd kan iets ook versneld gefilmd lijken. Weer een ander ziet voorwerpen zo klein alsof hij ze door een omgekeerde verrekijker aanschouwt. Zelfs het eigen lichaam of delen ervan maken de indruk veranderd te zijn. Mensen die daar nog nooit van gehoord hebben, geloven dat natuurlijk niet. In het bekende kinderboek *Alice in Wonderland* beschrijft Lewis Carroll, die zelf aan migraine met veranderde vormwaarneming leed, zulke verschijnselen in een fantastisch verhaal (zie de illustratie op pag. 138).
Als kinderen plotseling over zware buikpijn klagen, daarbij soms ook moeten overgeven, komen daarvoor vele oorzaken in aanmerking. Het kan een infectieziekte aan het maagdarmkanaal zijn, een 'bedorven maag', maar ook een blindedarmontsteking. Daarom moet het kind naar de dokter. Als zulke acute verschijnselen zich enkele malen herhalen en er in de familie migraine is, kan het ook om een beginnende migraine gaan. Op zeer jonge leeftijd komt migraine lang zo vaak niet voor als buikpijn (buikmigraine, abdominale migraine, navelkoliek). Later wordt deze opgevolgd door hoofdpijn, maar soms bestaan beide vormen ook afwisselend een tijdje naast elkaar.

Hoe ontstaat hoofdpijn?
Als we onszelf of onze familieleden nauwkeurig observeren, vinden we soms factoren die hoofdpijn kunnen veroorzaken.

Dat is natuurlijk gunstig als het om veroorzakers gaat die we kunnen vermijden, zoals bepaalde voedingsmiddelen. Als een kind regelmatig migraine krijgt als het chocola heeft gegeten, is het aan te raden het geen chocola meer te geven. Helaas is het maar zelden zo simpel. In vele andere gevallen zijn wel verbanden met bepaalde gebeurtenissen, maar die zijn dan niet te beïnvloeden; voorbeelden daarvan zijn het **weer** (warme droge wind, verandering van luchtdruk, onweer) of de cyclus van de vrouw. Bij de meeste patiënten is echter niets te vinden, de migraine komt 'uit de lucht vallen'.

Meestal wordt hoofdpijn, of die nu een aanvalskarakter heeft of niet, door **psychische factoren** bepaald. Dan speelt niet alleen een rol hoe groot en langdurig de belastingen (conflicten, hectische toestanden, verplichtingen onder tijdsdruk) zijn, maar ook de capaciteit van het individu om overzicht te houden. Menig kind stelt te hoge eisen aan zichzelf als het uit overdreven eerzucht zijn hoeveelheid werk verhoogt of iets wat niet te veranderen is, niet accepteert. Dan draait het om de individuele belastbaarheid, ofwel de constitutie. Ook de belangstelling voor een bepaald onderwerp heeft invloed op de mate waarin iemand zich belast voelt. Als een kind niet graag naar school gaat, voelt het zich gauw gefrustreerd en dus overbelast.

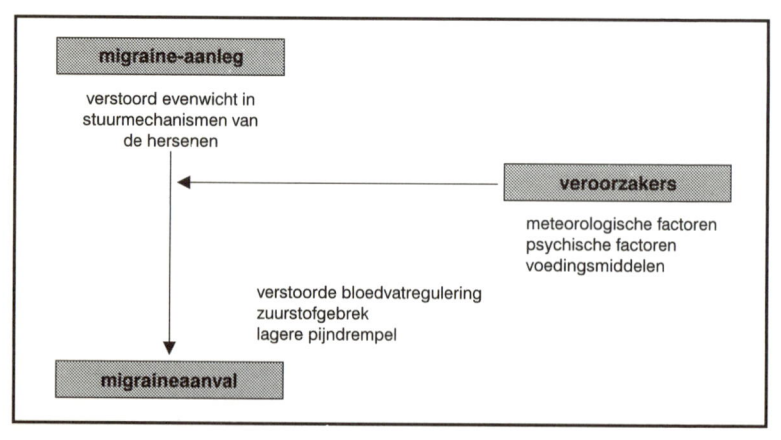

```
         migraine-aanleg
      verstoord evenwicht in
      stuurmechanismen van
           de hersenen

         ◄─────────────────────────  veroorzakers
                                     meteorologische factoren
                                     psychische factoren
                                     voedingsmiddelen
           verstoorde bloedvatregulering
           zuurstofgebrek
           lagere pijndrempel
         migraineaanval
```

Factoren en mechanismen die tot een migraineaanval leiden

Voorbeeld Barbara, een meisje van dertien met rode krullen en zomersproeten, komt op het spreekuur omdat ze al een paar jaar last van hoofdpijn heeft. Die begint vaak al 's ochtends na het opstaan, is er bijna elke ochtend en neemt 's middags weer af. De pijn zit aan beide kanten, zowel bij de slapen als bij het voorhoofd. Vaak heeft ze het gevoel dat een band om haar hoofd gekneld zit; soms trekt de pijn ook vanuit haar nek naar voren. Andere klachten, zoals overgeven, zijn er niet. De hoofdpijn werkt haar op de zenuwen, hoewel die draaglijk is. Bovendien heeft iemand tegen haar gezegd dat er iets ernstigs achter kan zitten.
Barbara is een slank meisje. Soms is ze duizelig, als ze van lichaamshouding verandert of lange tijd achtereen moet staan. Ze is nooit ernstig ziek geweest, maar heeft een paar keer per jaar griepinfecties en heeft daarna behoorlijk veel tijd nodig om te herstellen. Toen ze voor het eerst naar school ging, heeft ze een tijd lang op haar nagels gebeten. In die periode waren er tamelijk grote spanningen thuis, voorafgaand aan de scheiding van haar ouders.
Barbara is een goede, zeer ambitieuze leerlinge. Ze ergert zich zeer aan middelmatige cijfers, is 's avonds vaak nog met haar huiswerk bezig en laat zich 's ochtends door haar moeder woordjes overhoren. Ze is snel in tranen als iets niet meteen lukt. In de klas is ze bij sommigen niet erg geliefd. Ze vinden dat Barbara zich uitslooft, en haar sterke rechtvaardigheidsgevoel doet soms denken aan eigenwijsheid, hoewel ze zich vaak ook voor anderen inzet. Met haar vriendin gaat ze regelmatig naar een gymnastiekclub. Daar traint ze de overbodige pondjes eraf. Ze wil in geen geval zo mollig worden als haar moeder.

Het onderzoek bij het meisje, dat te weinig weegt en een lage bloeddruk heeft, levert geen resultaten op die wijzen op een organische oorzaak. Koude handen en voeten, vochtige handpalmen, wijde pupillen, zeer levendige reflexen zijn als tekens van vegetatieve labiliteit te beschouwen en te verklaren. De diagnose luidt spanningshoofdpijn. Ze leert de oefeningen van de progressieve spierontspanning, die ze snel doorheeft en waarmee ze zich al gauw heel goed kan ontspannen. Behalve met wisseldouches 's ochtends wordt de bloeddruk met medicijnen genormaliseerd. Bovendien is ze ertoe te brengen haar slankheidsmanie, die al in de richting van magerzucht ging, op te geven om haar gewicht, hoe gering ook, te doen toenemen.

Deze beschrijving is typerend voor de lichamelijke en psychische omstandigheden van een meisje met **spanningshoofdpijn**. Er zijn echter ook overeenkomsten of overlappingen met gewone hoofdpijn. Deze vormen hebben gemeenschappelijk dat de pijn geen aanvalskarakter heeft en vaak 's ochtends al begint. Er is een duidelijke samenhang met een sterke nerveuze belasting, zoals die op school met name voor eerzuchtige leerlingen typerend is. Natuurlijk spelen daarbij ook lawaai, tekort aan lichaamsbeweging, een slechte houding van het hoofd (te veel voorover gebogen met te grote strekking van de nekspieren) en soms een te grote inspanning van de ogen een rol.

Sommige scholieren krijgen ook hoofdpijn omdat ze zonder ontbijt naar school gaan. Door de inspanningen ontstaat dan gemakkelijk een te laag glucosegehalte van het bloed (hypoglykemie). Andere kinderen, die zich niet de hele ochtend op de les kunnen concentreren, die geen moment stilzitten en daarom steeds vermaand worden, hebben ook vaak last van hoofdpijn.

Een jongen van acht jaar klaagde 's ochtends na het opstaan al over hoofdpijn, maagpijn en buikpijn, over duizeligheid en misselijkheid. Dat werd vaak erger op dagen dat hij gymnastiek had. Na langdurige observatie kwam men erachter dat de gymnastiekleraar de knaap, die zeer zwakke spieren had, zich slungelig bewoog en weinig sportief was, tamelijk streng behandelde. De symptomen verdwenen zodra de klas een andere gymnastiekleraar kreeg. In dit geval waren de klachten al door de verwachting van onaangename gebeurtenissen ontstaan, dus uit angst en op grond van gespannen verwachting.

Bij klachten als hoofdpijn is het vaak moeilijk zulke verbanden aan te tonen. Maar dat is natuurlijk heel belangrijk, want

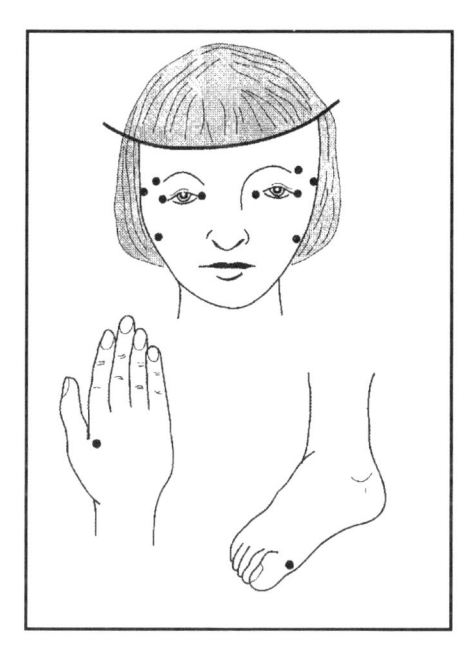

Als het kind op bepaalde punten van het hoofd en in andere gebieden van het lichaam drukt, kan het kind de pijn van een migraineaanval verlichten.

bezorgde ouders verwachten telkens weer van artsen dat die hun kind helpen door pillen voor te schrijven. Dan kan echter ook bij kinderen al heel gemakkelijk een vicieuze cirkel ontstaan, zoals die bij volwassenen erg vaak voorkomt.

Behandeling van hoofdpijn
Als samen met een medisch specialist de verbanden zijn geanalyseerd en een organische oorzaak is uitgesloten, moeten de ouders – of het kind zelf, als het daartoe in staat is – de intensiteit, het soort en de plaats van de pijn observeren. Ook van belang zijn andere klachten, de frequentie en eventuele verbanden met uiterlijke gebeurtenissen, die als veroorzakers in aanmerking komen.
Het betreffende kind moet deze data als een **hoofdpijnkalender** beschouwen en ze de volgende keer meenemen naar het spreekuur van de dokter.

Profylaxe is een manier om oorzakelijke factoren te vermijden en de hoofdpijn minstens terug te dringen. Zo'n profylactische methode kan bijvoorbeeld uit diëtistische maatregelen bestaan als het vermoeden bestaat dat de hoofdpijn door voedingsstoffen wordt veroorzaakt.

Een **oligoantigeen dieet** gaat ervan uit dat bij sommige mensen bepaalde voedingsstoffen, zoals melkeiwit, maar ook toevoegingen en conserveringsmiddelen, allergische reacties teweeg kunnen brengen. Om erachter te komen om welke voedingsbestanddelen het gaat, begint het dieet met slechts heel weinig 'zuivere' producten. Langzaam worden andere levensmiddelen aan het dieet toegevoegd. Als dan hoofdpijn opkomt, wordt dat levensmiddel weer weggelaten (zie ook pag. 103 en 104).

Als een meisje hoofdpijn heeft in samenhang met haar periode, meestal enkele dagen voor of tijdens de menstruatie, kan samen met een gynaecoloog naar mogelijkheden tot verlichting worden gezocht. Dat kan bijvoorbeeld het gebruik van hormonen zijn, die op 'de pil' lijken.

Als de hoofdpijn niet vaker dan drie keer per maand opkomt en goed te dragen is, verzacht men de klachten, als dat al nodig is. Bij sommige kinderen is het niet nodig tot therapie over te gaan als de familie bevrijd kan worden van de angst dat er iets ernstigs achtersteekt. Om een aanval van hoofdpijn te onderdrukken kan het kind 'uit het dagelijks verkeer' worden gehaald. Als het rustig in een kamer kan liggen waar geen licht en geluid doordringen, slaapt het soms door de aanval heen en wordt het geheel vrij van klachten wakker. Vaak heeft een koud doekje op de slapen of het inwrijven met etherische oliën een weldadig effect.

Stof	Dosis	Opmerking
paracetamol	250/500 mg	bijtijds geven evt. na 1 uur herhalen
paracetamol + Motilium (metoclopramide)	500/10	bij misselijkheid
acetylsalicylzuur (= aspirine)	100/500 mg	bruistabletten
dihydroergotamine (DHE)	2,5 mg	tijdig geven!
(ergotamine)	1 mg	spray, zetpil
injectie aspirine + DHE	1/2-2 amp.	langzaam intraveneus
metamizol novalgin-amp.	(500 mg)	100-200 mg intraveneus

Medicijnen voor acutherapie

Stoffengroep	Stof	Dosis	Bijverschijnselen
bètablokker	propranolol metoprolol	10-40-120 mg	verlaging van bloeddruk
secalalkaloïde	dihydroergotamine	2 tot 3 maal 1,5-2,0 mg	hartkloppingen vasospasmen
calciumentryblocker	flunarizine	5-10 mg 's avonds	moeheid, gewichtstoename
serotonineantagonisten	pizotifeen	1 tot 2 maal 0,5 mg 's avonds	moeheid, gewichtstoename
	cyproheptadine	2 maal 2-4 mg	
trombocytenaggregatieremmer	aspirine	1 maal 100 mg 's avonds	maagklachten
antidepressiva anti-eleptica	carbamezepine	200-400 mg dosis langzaam verhogen	moeheid, duizeligheid
	clonazepam	0,5-3,0 mg	
antihypotensiva antitetanica neuroleptica/ tranquillizers	magnesium	100-300 mg	

Medicijnen voor intervaltherapie

Acupressuur is zeer aan te bevelen. Het kind leert, samen met de ouders, van een ervaren therapeut waar bepaalde punten op het hoofd en in andere gebieden van het lichaam zitten, waarop het naar behoefte drukt. Op die manier vermindert het de pijn.
Het is natuurlijk ook mogelijk de pijn en de vaak nog vervelender misselijkheid met een **medicijn** tegen te gaan. Pijn is goed te behandelen met acetylsalicylzuur of paracetamol. Omdat bij misselijkheid de spijsvertering altijd is verstoord en tabletten dus niet worden opgenomen, bieden zetpillen in dat geval uitkomst. Als de braakneigingen overheersen, combineert men de zetpillen met een anti-emeticum, bijvoorbeeld domperidon of metoclopramide. Het moederkorenalkaloïde ergotamine, dat bij sommige mensen met migraine zeer effectief is, kan onder controle van een arts ook als zetpil of snel werkzame inhalatie worden gegeven. Vanwege de mogelijke bijverschijnselen bij te hoge dosering vergt de toediening een grote discipline. Alle pijn verminderende medicijnen (analgetica) en met name het laatst genoemde kunnen op hun beurt hoofdpijn veroorzaken, die dan niet meer van de oorspronkelijke is te onderscheiden. Op die manier ontstaat een neerwaartse spiraal met steeds meer medicijnen en chronisch wordende hoofdpijn. Als de klachten niet op die manier zijn te verminderen en er bij kleine kinderen wegens aanhoudend overgeven misschien sprake is van veel vochtverlies, moet beslist een arts geraadpleegd worden.
Als een paar keer per maand zware migraineaanvallen opkomen of als een kind chronisch hoofdpijn heeft, moet een **intervaltherapie** worden overwogen. Die kan uit veel verschillende maatregelen bestaan. Welke we voor een bepaald kind kiezen, hangt af van de beschikbaarheid van een deskundige therapeut, maar ook van de mogelijkheden van de ouders om er tijd voor uit te trekken. In ieder geval moet aan de huisarts gevraagd worden welke methoden hij zou aanraden, gelet op de bijzondere omstandigheden van het kind. Als spanningshoofdpijn veroorzaakt wordt door spanningen in het gezin of op school, moet het kind niet worden volgestopt met pillen, maar moeten de ouders proberen de omstandigheden te ver-

anderen en het compensatievermogen van het kind te verhogen. Daarvoor is een hele reeks methoden beschikbaar, bijvoorbeeld:

☐ oefening van het zelfvertrouwen;
☐ autogene training;
☐ spierontspanningsoefeningen;
☐ biofeedbacktraining.

Voor de stabilisering van lichaamsfuncties dient gelet te worden op een regelmatige dagindeling met verstandige eetgewoonten, voldoende nachtrust, beweging en spel. Dat zijn vanzelfsprekende dingen, maar ze zijn vaak moeilijk te realiseren. In alle gevallen is het onontbeerlijk dat zowel de ouders als het kind zelf overtuigd zijn van het nut van dergelijke maatregelen, die meestal als beperkingen worden ervaren. Voorts moeten ze natuurlijk ook in de gelegenheid zijn de maatregelen consequent door te voeren. Als in het gezin bijvoorbeeld geen volwassene is die ontbijt voordat hij de deur uitgaat, zal dat gedragspatroon op de kinderen worden overgedragen; dan zal het moeilijk zijn het kind dat door hoofdpijn wordt geplaagd te overtuigen van de noodzaak om te ontbijten. Datzelfde geldt voor lichamelijke activiteiten, naar de sauna of het zwembad gaan, in plaats van uren lang televisie te kijken. Dan grijpt het bij klachten liever snel naar een pijnstiller.
De manier van leven van het gezin wordt vaak wel optimaal veranderd – als de verbanden eenmaal bewust zijn gemaakt – maar de hoofdpijn blijkt toch slechts matig af te nemen.
Dan is een directe beïnvloeding van de pijn aan te bevelen. Tijdens een migraineaanval veranderen lichaamsfuncties op uiteenlopende manieren; de chemische stoffen grijpen op verschillende punten in het lichaam in. Sommige veranderen de concentratie van transmitters, andere beïnvloeden de pijndrempel van de receptoren aan de wanden van bloedvaten of de spanningstoestand van de bloedvaten in het hoofd. Weer andere beïnvloeden de stemming, de bloeddruk enzovoort.

> Het is van groot belang een medicijn nauwkeurig volgens het voorschrift minstens zes weken lang in te nemen en in die periode de werking en eventuele bijverschijnselen in de hoofdpijnkalender op te nemen.

Ook een ervaren arts weet niet wat de uitwerking van het voorgeschreven medicijn op een bepaalde patiënt is. Als het de klachten niet of niet voldoende verhelpt, kan op een ander medicijn worden overgestapt. Dat vergt aan beide kanten geduld en vertrouwen. Mislukkingen en ontevredenheid ontstaan vaak door veel te hoge, irreële verwachtingen van de patiënt of het gezin. Als een kind aanleg heeft voor hoofdpijn, is het niet realistisch 'totale genezing' te verwachten. Wel mag men hopen dat de klachten zeldzamer en minder ernstig worden.

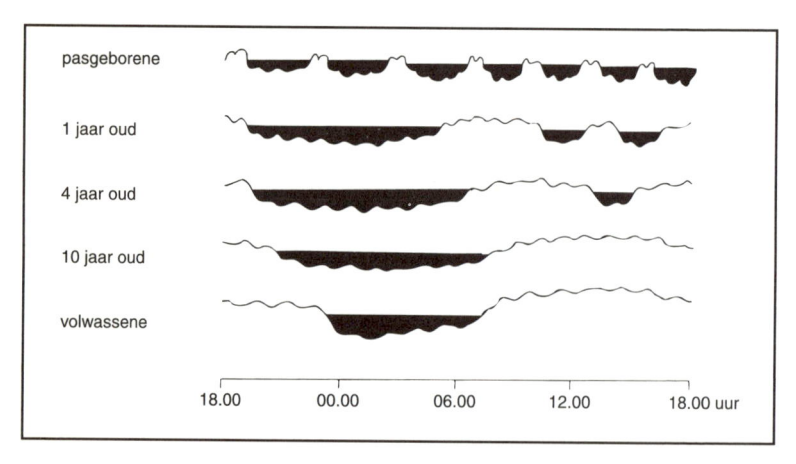

De ontwikkeling van het slaap-waakritme

Slaapstoornissen

Een derde deel van ons leven brengen we slapend door. Is het niet zonde van al die 'verspilde tijd'? Hoe belangrijk is het eigenlijk dat we slapen, en hoeveel moeten we slapen? Elk kind weet natuurlijk dat je slaap nodig hebt om weer fris en energiek te worden. Het is buitengewoon onplezierig als iemand volkomen oververmoeid ergens moet wachten, niet kan slapen en van moeheid niet meer geestelijk en lichamelijk actief kan zijn. Hoe langer iemand van slapen wordt afgehouden, des te groter wordt de behoefte aan slaap. We spreken dan van een imperatieve slaapbehoefte.
Bij iemand met slaaptekort nemen de lichamelijke spankracht en het prestatievermogen af. De verslapping van de spieren dwingt hem ertoe de rechte lichaamshouding op te geven en – indien mogelijk – te gaan liggen. Maar ook het denkvermogen, het associatievermogen, de ideeënrijkdom en het geheugen worden steeds meer beïnvloed. Men heeft nergens meer belangstelling voor, wordt misschien ook wrevelig en ervaart elke prikkel als hinderlijk.
Zoals we uit waarnemingen van slapende mensen en uit de meting van allerlei functies in zogeheten slaaplaboratoria weten, zijn er verscheidene slaapfasen, die in de loop van de nacht cyclisch herhaald worden. We duiden ze – afhankelijk van de terminologie – aan met letters (A tot en met E) of met cijfers (1 tot en met 4) (zie ook de illustratie op pag. 152). Het is opvallend dat een mens aan het begin van zijn nachtrust snel in een diepe slaap valt. Binnen de eerste 90 tot 120 minuten doorloopt hij deze fasen weer in omgekeerde volgorde. In één nacht kunnen er wel vijf van zulke slaapfasen verlopen. In de loop van de nacht veranderen ze echter van patroon, waarbij de slaap oppervlakkiger wordt en vaker de zogeheten REM-fase ingaat.
Afhankelijk van de diepte van de slaap verandert de hartslag, de bloeddruk en de ademhaling. Ook de intensiteit van bewegingen (draaien in de slaap) hangt van de diepte van de slaap af.

> Als regel geldt: hoe dieper de slaap is, des te minder zijn de lichaamsfuncties actief. Tegelijkertijd worden de energievoorraden van het lichaam weer aangevuld.

In elke nacht worden enkele malen '**paradoxale slaapfasen**' doorlopen, die bijna een kwart van de totale slaapduur in beslag nemen. We noemen ze paradoxaal omdat een mens dan moeilijk wakker te krijgen is en dus diep slaapt, maar in een EEG (elektro-encefalogram, hersenstroomcurve) is een zeer hoge activiteit waar te nemen. Omdat in deze fase de ogen snelle bewegingen (Engels: **R**apid **E**ye **M**ovements) maken, die ook voor anderen zichtbaar zijn, worden het REM-fasen genoemd. Als een mens in deze fase wordt gewekt, kan hij vaak vertellen wat hij op dat moment droomde, want in de REM-fase wordt veel gedroomd. Onderzoekingen in de laatste jaren hebben uitgewezen dat de REM-fasen van uitzonderlijk belang zijn voor de geestelijke en psychische ontwikkeling, het prestatievermogen en het welzijn.

Tijdens de REM-fase dromen we. We **associëren**, we verbinden wat we net hebben geleerd met indrukken uit ons geheugen.

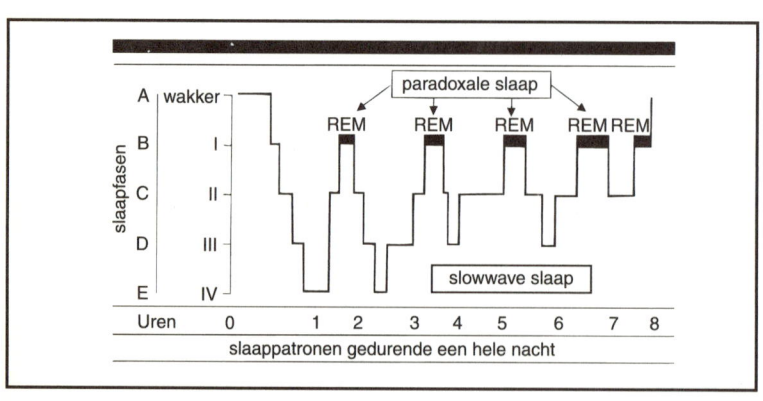

Slaapfasen van een nacht

Bij proefnemingen is gebleken dat studenten in perioden waarin ze bijzonder intensief leren, een grotere behoefte aan REM-slaap hebben. Als we iemand deze fantasieën onthouden door hem steeds te wekken als zo'n fase begint, raakt hij steeds meer geïrriteerd, verliest hij zijn concentratie en krijgt hij last van angsten.
Bij experimenten met ratten is zelfs aangetoond dat **leerprocessen** door onthouding van REM-slaap afnemen. Als we dit op de mens overdragen, betekent het dat als iemand voor een examen weinig slaapt omdat hij nog veel wil leren, hij er rekening mee moet houden dat het geleerde weer uit zijn hoofd verdwijnt. Wegens gebrek aan REM-fasen dringt de leerstof niet tot zijn langetermijngeheugen door en wordt dus niet opgeslagen.
In dromen worden ervaringen verwerkt. Omdat de associaties in het centrale zenuwstelsel tijdens een droom heel luchtig zijn, worden droombeelden aangaande brandende kwesties – ordeloos of juist glashelder – willekeurig vermengd met volslagen irrelevante indrukken van de afgelopen dag, brokstukken van een zojuist geleerde les of van een kruiswoordraadsel.
Soms duiken ook ervaringen van lang geleden weer op, waaraan iemand in het geheel niet meer dacht. Daarbij nemen ze andere vormen aan, krijgen betekenis afhankelijk van de emotionele betrokkenheid en worden zo verwerkt.
In dromen reageren we ons ook af, hetzij in de vorm van een terugtocht met verduidelijkende of rechtvaardigende dialogen, hetzij in de vorm van strijd met openlijke confrontaties. Bange kinderen of kinderen met een levendige fantasie beginnen te gillen en vertellen dan huilend een droom waarin misschien een bijzonder agressief kind uit de peuteropvang de gestalte heeft aangenomen van een gemeen wezen uit een sprookje, tegen wie ze moesten vechten of voor wie ze gevlucht zijn.
Sommige mensen zeggen dat ze nooit dromen. Omdat bewezen is dat ieder mens (en in feite ieder zoogdier) REM-fasen heeft, is aan te nemen dat deze mensen zich hun dromen gewoon niet kunnen herinneren. Als ze zich laten wekken op

het moment dat ze snelle oogbewegingen hebben, zijn ze van het tegendeel te overtuigen. Maar zelfs als we tijdens de droom of meteen daarna wakker worden en ons voornemen de inhoud vast te leggen, lukt dat niet altijd. De reden daarvoor is dat de 'taal' van de droom een andere is dan die we in waaktoestand gebruiken. Omdat wat in een droom gebeurt gewoonlijk niet binnen het gebied van de logica valt, zijn veel associaties in het geheel niet in woorden uit te drukken. We zijn echter gewend met woorden te formuleren; zodoende begrijpen we veel dingen die in onbewuste vergelijkingen voorkomen, in het geheel niet of we kunnen er geen betekenis aan geven, zodat het snel vervluchtigt. Het komt echter ook voor dat een reeks droombeelden na maanden nog herinnerd wordt. Dat is altijd het geval als iemand aan een droom een betekenis heeft ontleend die hem zeer heeft ontroerd, misschien bang of onzeker heeft gemaakt, beschaamd heeft, hem soms ook op verbanden wijst die hij in waaktoestand niet heeft gezien, zodat hem nu 'de schellen van de ogen vallen'. Als iemand na zo'n droom wakker wordt,

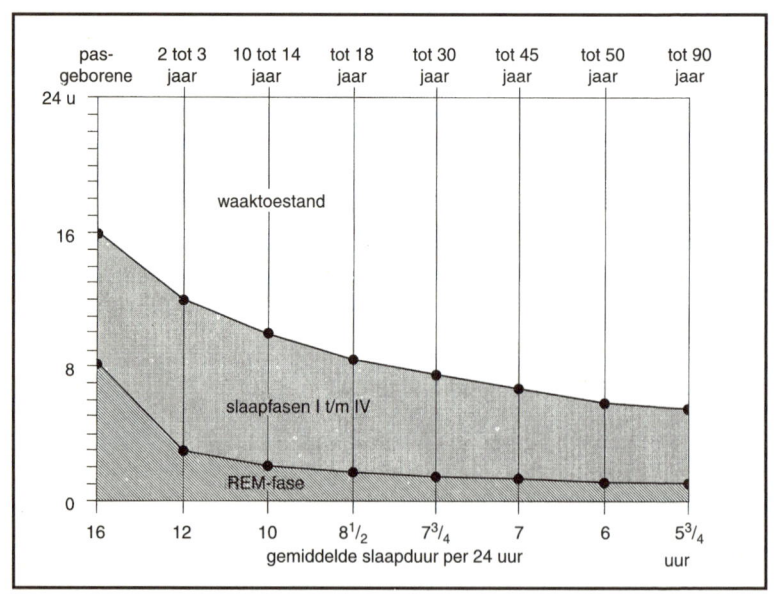

De slaapbehoefte neemt met het stijgen der jaren sterk af.

heeft hij daardoor de droom nog vers in zijn geheugen zitten.

Hoeveel slaap heeft een mens eigenlijk nodig om gezond en energiek te blijven en zich prettig te voelen? De slaapbehoefte hangt enerzijds af van de leeftijd en is anderzijds van mens tot mens verschillend. Maar ook de omstandigheden van het moment hebben daar invloed op, hoe iemand bijvoorbeeld in de nachten ervoor geslapen heeft. De grafiek geeft aan dat de slaapduur in de loop van ons leven afneemt. Een pasgeborene slaapt ongeveer zestien van de vierentwintig uur; dat wil zeggen dat hij overdag alleen in het ritme van de maaltijden wakker is. De helft daarvan is weliswaar REM-slaap, wat logisch is als we de betekenis van deze fase voor de ontwikkeling en groei van de hersenfuncties kennen. Voordat het naar school gaat, heeft een kind ongeveer twaalf uur slaap nodig, in de loop van de basisschool ongeveer tien en in de puberteit een uur of negen met een langdurige periode van echte slaap. Tijdens het volwassen leven bedraagt de behoefte aan slaap tussen zeven en acht uur en op hoge leeftijd neemt die langzaam af tot een uur of zes.

In perioden van sterke groei hebben kinderen meer slaap nodig; omgekeerd geldt dat als kinderen langere tijd minder slapen dan ze nodig hebben, ze achterblijven in hun groei.

De **individuele behoefte aan slaap** is al op kinderleeftijd waar te nemen. Er zijn vormen van aanleg in gezinnen die niet door gewoonten te verklaren zijn, maar geërfd zijn. In sommige gezinnen hebben alle leden weinig slaap nodig en is ook in het weekeinde het hele gezin al vroeg op de been. Het andere uiterste komt ook voor. Het wordt alleen moeilijk als er grote verschillen in slaapbehoefte tussen de leden van een gezin bestaan. Dan moeten ze compromissen zien te sluiten. Je kunt een kind onmogelijk dwingen in het weekeinde of de vakantie 's ochtends uren lang stil te zijn omdat de ouders, die graag 'van de nacht een dag' maken, nog willen slapen. Als een kind minder slaapt dan op zijn leeftijd verwacht zou worden, kan er ook sprake zijn van een geringere behoefte. Bepalend is of er tekens zijn van een chronisch slaaptekort en of het opgewekt en evenwichtig is en zich goed kan concentreren. Meestal zijn deze kinderen ook overdag actief, ondernemend en weetgierig. In gezinnen met soortgelijke volwassenen komt niemand op het idee dat er bij betrekkelijk korte slaap sprake kan zijn van een stoornis. Maar als één van de ouders eerder een grote behoefte aan slaap heeft en de rest van het gezin wil dwingen langer te slapen, kan dat tot aanzienlijke conflicten leiden omdat zulke biologische feiten niet zo maar veranderd kunnen worden. Het is ook geen kwestie van een beroep doen op iemands wil zich aan te passen. In zo'n situatie kan alleen verdraagzaamheid voor harmonie in de huiselijke sfeer zorgen.

Natuurlijk spelen ook **gewoonten** een rol. Als volwassenen in het weekeinde erg laat naar bed gaan en op zondag het liefst tot de middag in bed blijven, moeten ze die gewoonte veranderen als ze kinderen krijgen. Natuurlijk kunnen we van kinderen verlangen dat ze zich bijvoorbeeld een tijdje kalm houden als iemand moe of ziek is en rust nodig heeft. Maar het is een onvergeeflijk staaltje van egoïsme van de ouders als ze dat voortdurend verlangen.

Een algemeen probleem is tegenwoordig dat zowel kinderen als volwassenen minder slapen dan nodig is. Hun feitelijke slaapduur ligt onder hun individuele behoefte. Nu hoeft iemand, als hij een paar nachten te weinig heeft geslapen, die slaap niet in zijn volle duur in te halen. De volgende nachten slaapt hij dieper en vult het tekort op die manier aan, of hij slaapt in het weekeinde 's middags een uurtje.

> Kinderen zouden al de kunst moeten leren om heel even te slapen. Vijftien tot twintig minuten na schooltijd heel ontspannen uitrusten, misschien zelfs slapen (met de wekker erbij!) vult een slaaptekort van vele uren aan. Daarna zijn ze weer in een goede stemming en ook kunnen ze hun huiswerk vlot maken.

Kinderen worden zelden uitsluitend wegens slaapstoornissen bij een arts of een psycholoog gebracht. Bij het vragen stellen blijkt vaak wel dat ze tot de symptomen behoren. Dertig procent van de kinderen die ik wegens hoofdpijn heb behandeld, hebben inslaapproblemen. Dat betekent dat deze kinderen een uur of langer wakker liggen als ze naar bed zijn gegaan. Van de meeste kinderen vertelde de moeder me dat dat 'altijd zo' was geweest. Zulke meestal nerveuze, drukke kinderen vertragen het inslapen vaak ook nog met bepaalde gewoonten voor het slapen gaan. Ze hebben bijvoorbeeld altijd nog 'iets belangrijks' te melden of ze moeten nog iets in hun schooltas stoppen of ze moeten beslist nog een keer naar het toilet.
Aan de ene kant is dat een teken van innerlijke onrust, waarbij ook nieuwsgierigheid een rol speelt, als er bijvoorbeeld bezoek in de woonkamer zit. Ze voelen zich buitengesloten, vooral als oudere broers en zussen langer mogen opblijven. Door zulke slaap vertragende gewoonten worden slaapstoornissen kunstmatig veroorzaakt als de ouders er telkens weer aan toegeven. Als zulke gewoonten er eenmaal zijn ingeslepen, houdt het kind zichzelf kunstmatig wakker, hoewel het eigenlijk geen slaapstoornis heeft.

> Omdat kinderen van nature niet graag naar bed gaan en hun vermoeidheid zelfs ontkennen wanneer ze hun ogen niet meer kunnen openhouden, moet hun die beslissing door vaste regels uit handen worden genomen. Doordeweeks moet er een afgesproken tijd zijn waarop ze in bed moeten liggen. Ouders dienen dat tijdstip zo te kiezen dat er nog genoeg tijd overblijft voor een verhaaltje, een liedje of voor wat het kind nog wil vertellen.

Om het inslapen te vergemakkelijken bestaan er beproefde **rituelen**. Ouders en kind kunnen bijvoorbeeld afspreken dat het licht nog tien minuten aan mag blijven, zodat het nog wat kan lezen of naar muziek kan luisteren. Na die tijd komt één van de ouders om het licht uit te doen. Als het kind graag wil dat de deur een stukje openblijft opdat er nog wat licht uit de gang naar binnen valt, kan het inslapen daarmee vergemakkelijkt worden – op voorwaarde dat in de woonkamer niet net een feestje aan de gang is. Bij al deze rituelen hoort dat de ouders zich met name in dit laatste uur van de dag met het kind bezighouden en rust uitstralen. Zorg ervoor dat het kind langzaam naar de nachtrust toe groeit. Als het een goede nacht is gewenst moet het niet meer uit bed komen.

Andere verplichtingen van de ouders zoals huiselijke karweitjes, beroepsmatige bezigheden of pleziertjes zoals een kletspraatje met de buren, moeten uitgesteld worden tot de kinderen in bed liggen.

> In geen geval mag het kind voor straf naar bed worden gestuurd en helemaal niet als excuus omdat de ouder zelf nog iets belangrijks te doen heeft.

Natuurlijk is het legitiem als een oververmoeid, jengelig kind eerder dan gewoonlijk naar bed wordt gebracht, maar dat mag niet als straf uitgesproken worden. Slapen moet van jongsaf aan met aangename gevoelens verbonden worden.

We moeten hoe dan ook onderscheid maken tussen 'echte' slaapproblemen en vele andere redenen voor een te korte nachtrust. Er zijn kinderen die 's avonds een paar uur lang hun ouders tiranniseren omdat ze geloven dat ze anders iets missen. Als deze ouders het eenmaal goedvinden dat het kind uit zijn bed komt en weer aan het leven in de woonkamer deelneemt, zal het telkens opnieuw proberen langer dan gewoonlijk op te blijven. Dan volgen er vervelende ruzies die een harmonische afronding van de dag verstoren.

In het weekeinde en bij aangekondigde gebeurtenissen, bijvoorbeeld een bezoek of een verjaardag, is het verstandig vantevoren af te spreken hoe laat het kind naar bed gaat, opdat het ook dan niet tot vermoeiend gejengel komt. Ouders die zich aan afspraken kunnen houden, hebben het het gemakkelijkst. Dat is niet altijd eenvoudig als de dag vermoeiend is geweest. Maar natuurlijk worden kleine inconsequenties door een disharmonische afronding van de dag zwaar afgestraft.

Een andere reden voor slaaptekort bij kinderen is een interessante bezigheid die in het geheim wordt uitgevoerd, zoals het lezen van een spannend avonturenboek, het luisteren naar een walkman onder de dekens, enzovoort. Het gevoel iets verbodens te doen maakt het vaak nog leuker. Alerte ouders zouden dit heel snel moeten merken. Maar sommigen zien zelfs dat door de vingers om zelf rust te hebben. Misschien menen ze ook dat 'de natuur zelf wel weet wat goed is'. Het moment waarop de slaap wordt ingehaald, kan echter geregeld verschuiven naar de ochtenduren op school, want altijd zijn de nachtelijke bezigheden interessanter dan het onderwijs.

Met waarschuwingen is slechts zelden iets te bereiken. Als de vertragingen van het inslapen extreme vormen aannemen (gezien de gevolgen), moeten er ingrijpende maatregelen worden genomen. Dan moet bijvoorbeeld het televisietoestel in de kinderkamer telkens op een afgesproken tijdstip automatisch buiten werking worden gesteld – ook al is dat kostbaar – of helemaal uit de kinderkamer worden verwijderd. Hetzelfde geldt natuurlijk voor de computer.

Praten in de slaap
Er zijn kinderen en volwassenen die af en toe in hun slaap praten. Meestal zijn hun woorden onverstaanbaar en vaag. Tegelijkertijd gesticuleren ze met hun armen of staan ze zelfs op. Hun stem is meestal monotoon en klinkt niet angstig. De volgende ochtend kunnen ze zich er niets van herinneren. Dat komt vooral bij koorts vaak voor. Ook kinderen die een ziekte aan hun hersenen hebben gehad, bijvoorbeeld hersenvliesontsteking, een hersenschudding, een hersenbloeding, praten vaker dan anderen in hun slaap. Het is echter even on-

schuldig als slaapwandelen. De betrokkene heeft er in zijn slaap geen last van (dat geldt hooguit voor huisgenoten die wakker worden).

Nachtelijke angst (pavor nocturnus)
Met name kinderen in de voorschoolse leeftijd en in de eerste schooljaren hebben perioden waarin ze tijdens hun slaap plotseling gaan gillen. Als je hun kamer binnenrent, zitten ze meestal met wijdopen ogen in bed en is hun gezicht vertrokken van angst. Soms herhalen ze bepaalde woorden of gebaren. Ze zijn meestal slaperig, huilerig en niet aanspreekbaar. De pupillen zijn groot, de hartslag en de ademhaling zijn snel; vaak baden ze in het zweet. Om een einde te maken aan deze angsttoestand moeten de ouders hen wakker maken en geruststellen. Zo is het ook bij angstdromen waardoor het kind wakker wordt en die het zich ook levendig herinnert en kan vertellen.
Het komt ook voor dat een bijzonder angstig kind op bepaalde sprookjes met angstdromen reageert of ook op echte situaties, als het bijvoorbeeld van de moeder bij het boodschappen doen is weggelopen en haar niet meteen heeft teruggevonden. Ouders met inlevingsvermogen zien dergelijke verbanden. Soms kan het kind de droom vertellen, als het goed wakker is. Maar meestal herinneren de kinderen zich de volgende ochtend niets meer van wat die nacht is gebeurd. Als zulke angstdromen vaker voorkomen, moeten de ouders 's avonds voor het slapen gaan een bijzonder harmonische sfeer scheppen, kalm en geruststellend met het kind omgaan en het de gelegenheid geven alles te vertellen wat het wil.
Helaas zijn er ook omstandigheden die het kind gedurende een langere periode angstig maken, bijvoorbeeld een grotere broer die voortdurend de baas wil spelen. Of de ouders stellen aan het kind hoge prestatie-eisen waar. n het niet kan voldoen. Ook constante ruzies tussen de ouders of andere huisgenoten roepen bij het kind langdurige angstgevoelens op. Als de moeder zelf labiel en nerveus is, geen tijd of zin heeft om zich met haar kind bezig te houden, staat het alleen met zijn angsten en problemen. Daaruit kunnen zich ernstige

slaapstoornissen en ook gedragsstoornissen van uiteenlopende aard ontwikkelen. Het ene kind gaat weer in bed plassen, het andere gaat schommelen in bed of nagelbijten, weer een ander kind wordt agressief of begint te stelen.

In zulke gevallen ziet de therapeut bij wie het kind met slaap- en gedragsstoornissen wordt gebracht, snel in wat de verbanden zijn. Het is echter moeilijk verandering te brengen in deze verschijnselen, die zowel voor de ouders als voor het kind belastend zijn. Veel ouders komen namelijk bij de therapeut in de veronderstelling dat hij als vakman meteen hulp kan bieden. Maar natuurlijk kan een therapeut alleen samen met de ouders een kind helpen bij klachten die als reactie op gebeurtenissen zijn ontstaan. Maar juist ouders bij wie de problemen boven het hoofd zijn gegroeid, kunnen hun in de steek gelaten kinderen moeilijk helpen.

Soms lukt het me de ouders of althans de moeder met zulke nerveuze verschijnselen een nieuwe oriëntering op hun leven te bieden. Ik probeer haar behoeften te doorgronden en zoek samen met haar naar oplossingen. Als de moeder zich van de knellende banden van een partnerschap weet te bevrijden en gevoel voor onafhankelijkheid en eigen kracht weet te ontwikkelen, komt er ook weer ruimte voor haar kinderen. En als die zich weer geliefd en geaccepteerd voelen, als er niet alleen maar gemopperd en afgewimpeld wordt, kunnen ze zich weer geborgen voelen. Ze raken hun angsten kwijt en ook de daaruit ontstane gedragsvormen. Niets is erger voor een kind dan vertrouwde contactpersonen die zelf zwak en onzeker zijn en het geen oriëntering kunnen bieden.

Slaapwandelen
Slaapwandelen wordt ook wel somnambulisme genoemd. Kinderen komen in hun slaap uit hun bed, lopen door het huis en gaan soms zelfs de deur uit. Daarbij kunnen ze handelingen verrichten, bijvoorbeeld een kast leeghalen, alle bloemen in de voortuin plukken, waarvan ze zich de volgende dag niets meer herinneren. Ze zijn ook tijdens het slaapwandelen moeilijk wakker te maken en zijn dus diep in slaap. Deze slaapstoornis komt soms veel in een bepaald gezin voor. Wie

kent niet de komische voorstellingen waarbij een heel gezin bij volle maan op het dak gaat wandelen? Hoewel de stoornis zelf volkomen onschuldig is en in de meeste gevallen op volwassen leeftijd verdwijnt, kunnen er gevaarlijke situaties ontstaan. Als een gezin bijvoorbeeld op een verdieping woont, kunnen ze 's nachts de ramen beter hooguit op een kier zetten en vergrendelen, want dat volgens de volksmond de slaapwandelaar geen onheil geschiedt, is helaas slechts een sprookje.

Voorbeeld Peter, een negenjarige scholier die in groep vier zit, werd bij me gebracht omdat ze vermoedden dat hij last van legasthenie (lees- en spellingzwakte) had. Hij kon nog steeds niet vlot schrijven en lezen en maakte ondanks ijverig oefenen nog steeds erg veel fouten. Daarnaast had hij een snel verstand en kon hij goed rekenen. Min of meer terloops vertelde zijn moeder dat hij vaak in zijn slaap praatte en soms ook 's nachts in zijn slaap door het huis spookte. Een keer vond ze hem 's ochtends diep in slaap in de woonkamer, broederlijk naast de hond. Hij deed het opvallend vaak als de volle maan precies in zijn kamer scheen. Ook op vakantie moest ze erg oppassen, want twee jaar geleden had hij al eens het pension in Oostenrijk ongemerkt verlaten. De moeder maakte zich overigens geen zorgen over het slaapwandelen, want Peters vader had dezelfde aanleg in zijn jeugd gehad. Het gezin woont aan de rand van een stad in een huisje met een tuin, zodat de gevaren die midden in een grote stad bestaan, hier niet te vrezen zijn.

Als een kind tijdens een angstdroom uit bed komt om bij zijn ouders geborgenheid te zoeken, is dat wat anders dan slaapwandelen. Vaak verdwijnt die neiging vanzelf als beangstigende gebeurtenissen door mooie, nieuwe worden verdrongen. Het komt echter ook voor dat uit telkens terugkerende angstdromen en het aansluitend zoeken van beschutting in het bed van de ouders een reflex ontstaat die niet vanzelf verdwijnt. Nogal wat ouders hebben me verteld dat hun zoon al jaren elke nacht in hun bed komt liggen en dat ze graag een einde aan die gewoonte wilden maken. In zo'n geval helpt maar één ding.

> Het kind moet steeds en zonder uitzondering weer naar zijn eigen bed worden teruggebracht, zodat het 's ochtends in zijn eigen bed wakker wordt. Het moet telkens weer op het privilege van een eigen bed worden gewezen.

Afhankelijk van de leeftijd van het kind kunnen de ouders ook verhaaltjes bedenken waarin bijvoorbeeld het bed in zijn eentje bang of verdrietig is als het de nacht zonder het kind moet doorbrengen. Het doel van een dergelijke 'positieve versterking' moet dus zijn aangename gevoelens voor het eigen bed op te wekken en te versterken. Straffen moeten absoluut vermeden worden. In bijzonder hardnekkige gevallen is er vaak sprake van onbewuste jaloezie jegens de ouders, die 's nachts altijd samen in bed mogen liggen, terwijl het kind wordt buitengesloten. Als dergelijke verbanden worden vermoed, is het raadzaam een psychotherapeut in te schakelen.

Bedplassen

Voorbeeld Peter, een serieuze jongen van acht, wordt door zijn vader bij me gebracht omdat hij sinds een paar maanden elke nacht in zijn bed plast. Peter was een gewenst kind dat werd geboren toen zijn ouders twee jaar getrouwd waren. De zwangerschap en ook de geboorte waren zonder complicaties verlopen. Het was een levendige, vriendelijke baby, die zelden ziek was, zes maanden de borst kreeg en kort na zijn eerste verjaardag alleen kon lopen. In die tijd sprak hij al wat woorden en in de loop van zijn tweede jaar kon hij zich steeds beter verstaanbaar maken. Met krap twee jaar was hij overdag zindelijk en met tweeënhalf jaar ook 's nachts. In de jaren daarop plaste hij met grote tussenpozen een paar keer in zijn bed. Zijn ouders vonden daarvoor altijd verklaringen bij de zeer gevoelige jongen. De ene keer gebeurde het in verband met de plotselinge afwezigheid van zijn moeder, die aan een acute blindedarmontsteking geopereerd moest worden, de andere keer was de kat erg ziek geworden en overleden, een paar keer had Peter angstdromen gehad.

Drie maanden geleden was eindelijk het gewenste tweede kind geboren. Peter was goed voorbereid op de geboorte van Hilde en verheugde zich op zijn zusje. Vaak had hij haar bewegingen in moeders buik kunnen voelen. Hij keek toe als ze de borst kreeg en behaaglijk smakte. Hij mocht helpen als ze in bad werd gedaan, zag hoe lief iedereen haar vond, en vlijde zich ook tegen zijn vader, als zijn moeder het al te druk had. Hij, de 'grote jongen', had soms het gevoel verwaarloosd te worden en was ook een beetje jaloers op de kleine Hilde. Het liefst wilde hij ook nog zo klein en schattig zijn als zij. Dat merkte ik aan zijn manier van spelen. Het was duidelijk dat zijn bedplassen, dat begon toen Hilde geboren was, te maken had met het feit dat hij heel graag (onbewust) de rol van zijn zusje wilde hebben.

Bedplassen (enuresis) komt bij kinderen veel vaker voor dan algemeen bekend is, omdat veel kinderen en hun ouders het zelfs aan hun beste vrienden niet vertellen. Het verschijnsel doet zich afhankelijk van de leeftijd voor en verdwijnt in de loop van de kindertijd vanzelf. Terwijl ongeveer zestien procent van de vijfjarigen nog of weer in bed plast, is dat bij zevenjarigen nog maar circa zeven procent en bij veertienjarigen ongeveer twee procent.

Van bedplassen als stoornis spreken we als een kind van vier jaar nog niet droog blijft. Hoewel veel kinderen al tijdens hun derde jaar zowel overdag als 's nachts niet meer in bed

plassen, is deze betrekkelijk hoge leeftijd gekozen omdat er dan toch nog kinderen zijn die het wateren onder controle moeten krijgen.
Bedplassen kan de vorm hebben van **primaire enuresis**. Daarvan spreken we als het kind nog niet zindelijk is geweest en het bedplassen dus gewoon blijft bestaan. Van **secundaire enuresis** spreken we als het kind minstens zes maanden lang zijn blaas onder controle heeft gehad en dan weer incontinent wordt. Bovendien maken we onderscheid tussen nachtelijk bedplassen (enuresis nocturna) en het overdag 'in de broek plassen' (enuresis diurna). Terwijl het wateren overdag slechts bij vijf procent van de betreffende kinderen voorkomt, kent het nachtelijke bedplassen een zeer hoog percentage, namelijk tachtig procent. De resterende vijftien procent bestaat uit kinderen die 's nachts noch overdag hun blaasfunctie onder controle hebben.
De **oorzaken** moeten in elk geval goed onderzocht worden, omdat de behandeling daarop moet worden afgestemd. Bij Peter konden we vanwege de samenhang met de geboorte van zijn zusje aannemen dat er psychische oorzaken waren. Tijdens het spelen werd duidelijk wat hij niet rechtstreeks kon zeggen: hij voelt zich verdrongen uit zijn jarenlange positie van enig kind. Het door hem gewenste en geliefde zusje ervaart hij tegelijkertijd als concurrente tegenover de ouders, met name tegenover zijn moeder. Heimelijk wenst hij weer zo klein als Hilde te worden om de aandacht te krijgen die haar ten deel valt. Omdat zelfs het verwisselen van de luier met veel aandacht en liefkozingen gepaard gaat, kan een terugval in deze relatie niet echt verkeerd zijn. Maar nu merkt hij na het bedplassen, dat niet bewust of provocerend gebeurt, maar eerder een kwestie van slechte blaascontrole is, dat hij helemaal geen liefdevolle aandacht krijgt, maar in plaats daarvan een standje. Opnieuw hoort hij dat hij een 'grote jongen' is en dat je zoiets op zijn leeftijd niet meer doet. Het wordt hem duidelijk dat hij zijn moeder op die manier nog meer werk bezorgt en zij nu zo mogelijk nog minder tijd voor hem heeft dan anders. Hij schaamt zich, is gekwetst, voelt zich onbegrepen – en het lukt hem niet zijn blaasfunctie onder controle

te krijgen. De stoornis is intussen een eigen leven gaan leiden, vooral omdat Peters conflict onoplosbaar lijkt. Op die manier kunnen allerlei conflicten en spanningen tot een verstoring van de blaasfunctie leiden, bijvoorbeeld onenigheid in het gezin, hoge eisen, zoals sommige kinderen die ervaren als ze voor het eerst naar school gaan, verdriet, als bijvoorbeeld hun beste vriend verhuist, een belangrijke vertrouwde contactpersoon langdurig afwezig is of een geliefd huisdier sterft.

Bij Peter is een tweede oorzaak aan te wijzen. Het geregeld terugkerende bedplassen als reactie op een psychische belasting wijst erop dat de blaasfunctie niet erg stabiel is. Psychische spanningen kunnen op zulke zwakke plekken in het lichaam tot uiting komen. Afhankelijk van de constitutie komt het bij de één tot zichtbare reacties en bij de ander niet. Vaak is het soort reactie van de orgaansystemen erfelijk. In Peters geval kwam na een grondig gesprek met zijn ouders aan het licht dat zijn vader als kind ook gedurende langere perioden in bed had geplast. (Dat weet Peter niet.) Als deze **genetisch bepaalde functiezwakte** zeer hevig is, kan een kind ook zonder waarneembare psychische belasting aan bedplassen doen. De blaas, die een zekere capaciteit heeft, en ook de sluitspier, die alleen willekeurig opengaat zodra deze functie zich volledig heeft ontwikkeld, gedragen zich dan net als bij kleine kinderen. De sluitspier gaat dan als reflex open wanneer de blaas vol is. En de blaas geeft het signaal 'vol' terwijl er nog heel wat bij zou kunnen. Daarom plassen kinderen met een dergelijke aanleg soms al één of twee uur na het laatste toiletbezoek in hun bed. Bij veel van deze kinderen wordt het bedplassen bevorderd door nog een bijzonder kenmerk: ze slapen heel diep en merken daardoor niet dat hun volle blaas tegen de sluitspier drukt. De ouders vertellen vaak dat hun kind, als ze het 's nachts optillen om het nog een keer te laten plassen, niet wakker te krijgen is en zich ook 's ochtends niets weet te herinneren.

Bij kinderen met primaire enuresis speelt ook de invloed van de **'zindelijkheidstraining'** een rol. Aan de ene kant zijn er gezinnen waarin het kleine kind niet consequent op het toilet gezet wordt, als bijvoorbeeld de moeder psychisch ziek is of drugs gebruikt of zich gewoon niet om haar kind bekommert. Dan kan het die vaardigheid niet leren. Aan de andere kant wordt ook een te vroege zindelijkheidstraining verantwoordelijk geacht voor het feit dat het kind zijn blaas niet leert beheersen. Een zindelijkheidstraining die door een ambitieuze of overdreven zindelijke moeder al vroeg in het eerste jaar wordt doorgevoerd, leidt vaak tot terugval en wel op een leeftijd waarop de blaasfunctie al onder controle zou moeten zijn. Natuurlijk spelen ook overdreven straffen bij een ongelukje een belangrijke rol. Als bijvoorbeeld een meisje van drie, dat al lange tijd droog blijft, in bed heeft geplast en nu 'als straf' niet naar een kinderpartijtje mag gaan, kan uit de angstige spanning die daaruit voortvloeit een blijvende stoornis ontstaan.

Een andere reden voor verlate zindelijkheid is een **vertraagde rijping van de hersenen**. Vaak zijn deze kinderen ook in de rest van hun ontwikkeling achter, bijvoorbeeld in hun spraak, hun geestelijk-psychische rijpheid en hun motoriek.

Voordat men alle mogelijke genetische, psychische, opvoedkundige en aanverwante redenen analyseert, is over het algemeen een lichamelijk onderzoek nodig om ziekten aan de nieren, de blaas of het zenuwstelsel inclusief het ruggenmerg uit te sluiten. Er moet ook worden gedacht aan prikkels als te strak ondergoed, aan huidziekten (schimmel) en aan wormen.

Om de kinderen te kunnen helpen moeten de ouders enkele gegevens nauwkeurig bijhouden. Belangrijke gegevens zijn bijvoorbeeld de frequentie en het tijdstip van het bedplassen, alsmede relaties met uiterlijke gebeurtenissen. De houding van de afzonderlijke gezinsleden, mogelijke reacties op school ('stinkdier') of behandelingen tot dan toe moeten eveneens aan de orde komen. Soms vertellen de ouders dat hun kind op vakantie bij oma of in het hotel steeds droog is gebleven. Ze beschouwen dat als bewijs dat het wel kan, als het maar wil.

De kinderen lijden meestal zwaar onder hun stoornis. Vaak neemt de ergernis in het gezin steeds meer toe als elke dag opnieuw het bed verschoond moet worden en behandelingen niet het gewenste resultaat hebben opgeleverd. Dan komt het vaak tot scheldpartijen, beledigingen en zelfs zware straffen. Geen wonder dat de kinderen vaak alle hoop hebben opgegeven dat ze ooit van de rol van 'zondebok' verlost worden. De motivatie om therapie te volgen is meestal dienovereenkomstig.

Behandeling

De behandeling van het bedplassen gebeurt meestal ambulant, dus in het ouderlijk huis en met intensieve medewerking van het gezin. Er zijn vele mogelijkheden om het succes van het kind te registreren en te belonen.

> Daarbij geldt overigens: straffen moeten over het algemeen achterwege blijven.

Bij peuters en kinderen die net naar school gaan, is het effectief gebleken een kalender bij te houden die ook aan de therapeut getoond kan worden. Op een vel papier worden de dagen van de maand als kastjes getekend. Als het bed en het nachtgoed droog zijn gebleven, tekent het kind er een zon of een bloem in, maar waren ze nat, dan tekent het een regenwolk. Het droogblijven, dus het gewenste gedrag, wordt met veel complimenten, materiële of – nog beter – sociale beloningen versterkt doordat de ouders het kind voor elke zon een **symbolisch cadeautje** geven. Een bepaald aantal plaatjes of muntstukken wordt dan voor de afgesproken beloning ingewisseld, bijvoorbeeld: 10 plaatjes = 1 gezamenlijk bezoek aan het circus. Ook aan het bestaan van regenwolken, die geen negatieve sancties tot gevolg hebben, moet het kind wennen. En de vreugde is groot als ze steeds minder opduiken.

Om het programma met succes te vervolgen moet het kind een **blaastraining** doen. Het leert de blaas willekeurig te legen en het lozen enkele malen te onderbreken. Dat lukt goed als de drang nog niet erg groot is. Tegelijkertijd houdt het kind de urine tegen als er een drang is om de blaas te legen. In het begin moet het dat enkele minuten volhouden en geleidelijk verlengt het die tijd steeds meer, misschien wel tot een half uur. Dat is moeilijker te maken door het kind voor de training grote hoeveelheden te laten drinken. Ook hier werkt men met beloning. Dat is echter alleen te verwezenlijken als de ouders bereid zijn mee te werken. Want zonder controle en complimenten werkt het niet.

Een zeer succesvolle methode voor kinderen van elke leeftijd is het gebruik van een **plaswekker**. Daarbij wordt het kind 's nachts bij de eerste druppel al door een apparaat gewekt. Er komt een contactmat in bed te liggen of er wordt een contactdoekje in het ondergoed gestopt. Zodra de contactzone vochtig wordt, klinkt er een weksignaal. Het kind wordt wakker, zet het signaal af en leegt de blaas in het toilet. Men neemt aan dat deze methode door vermijding werkt: het kind leert heel snel de storende prikkel van de plaswekker te vermijden, doordat het de blaasspieren bijtijds aanspant. De meeste kinderen bereiken het gebruikelijke doel van veertien achtereenvolgende droge nachten binnen twee maanden. Bij kinderen die sterk vertraagd zijn in hun ontwikkeling of geestelijk gehandicapt zijn, neemt dat meer tijd in beslag. Als er later een terugval komt, wordt het apparaat weer een tijdje gebruikt.

Een andere zeer succesvolle behandelmethode is het innemen van **medicijnen**. Als kinderen die in bed plassen, voor het slapen gaan een medicijn uit de groep antidepressiva innemen, daalt bij vijfentachtig procent na één tot twee weken het bedplassen enorm. Terwijl het bij ongeveer dertig procent volledige droogheid tot gevolg heeft, bestaat binnen de eerste drie maanden toch het gevaar van een terugval. Het is niet duidelijk waarom zo'n medicijn werkt, maar vermoedelijk gaat het om een effect op de diepte van de slaap en op de blaasdruk. Als de slaap minder diep wordt, kunnen kinderen echter wel nerveus en onuitgeslapen worden omdat de benodigde hoeveelheid slaap door de oppervlakkiger slaap wordt teruggedrongen.

Er zijn nog heel wat meer therapeutische mogelijkheden. Het is van beslissend belang dat de betekenis van de stoornis voor het kind serieus genomen wordt, dat trainingsprogram-

ma's consequent worden doorgevoerd, opdat het blaassysteem zijn functie leert kennen en trefzeker leert beheersen. Natuurlijk moet men proberen storende factoren in de omgeving van het kind of in het kind zelf terug te dringen, voor zover dat mogelijk is.
De ervaringen op dit gebied met vele kinderen hebben aangetoond dat psychotherapie zinvol is als het kind daarnaast of als reactie op het bedplassen ook psychische stoornissen heeft. Op het verschijnsel zelf heeft psychotherapie onvoldoende effect en ze ontlast het kind en de omgeving dus nauwelijks. Daarom moet in gecompliceerde gevallen een aanvullend trainingsprogramma in de vorm van gedragstherapie worden doorgevoerd.

> Bij hevige conflicten in het gezin is natuurlijk ook gezinstherapie heilzaam. Vaak moet het bedplassende kind het als zondebok voor het gezin ontgelden. In dat geval moet de therapie onafhankelijk van deze stoornis worden begonnen.

Duimzuigen

Ieder van ons kent de aanblik van een zuigeling die vol overgave op zijn duim zuigt. Niemand zou op het idee komen dat ziekelijk te noemen. Het kind vindt het blijkbaar genoeglijk als het zijn behoefte om op iets te zuigen kan bevredigen. Omdat de moederborst niet constant ter beschikking staat om zijn honger te stillen en zijn behoefte aan warmte en geborgenheid te bevredigen, neemt hij iets anders als surrogaat, een fopspeen of zijn duim. Geleidelijk neemt deze aanvankelijke gerichtheid op de mond af en houdt het zuigen op fopspeen of duim op.
Oudere kinderen en soms ook volwassenen kunnen echter

ook tot zuigelingengedrag vervallen als ze zich in de steek gelaten voelen, als ze niet de liefde krijgen die ze eigenlijk willen hebben. Als een kind gewend is de ouderlijke zorg met niemand te hoeven delen, kan het na de geboorte van een broertje of zusje terugvallen op reeds overwonnen gedragsvormen en weer op iets gaan sabbelen of zuigen, ook al krijgt het nog steeds veel liefde en aandacht. Als kinderen in een ziekenhuis moeten worden behandeld, of bijvoorbeeld vanwege de scheiding van de ouders een belangrijke vertrouwde contactpersoon verliezen of zich niet goed weten te gedragen in een peuterzaal of schoolklas, kan het sabbelen op een vinger na het derde levensjaar weer beginnen. Verkeren kinderen van jongs af aan in een milieu dat weinig beschutting biedt of zijn ze in hun ontwikkeling gestoord, dan kan de gewoonte uit de zuigelingenperiode blijven bestaan.

Omdat soortgelijke **oorzaken** ook tot andere gewoonten zoals nagelbijten of met het lichaam schommelen kunnen leiden, komen deze symptomen bij sommige kinderen ook gelijktijdig voor. Welke daarvan overheersend is, hangt van de aard van het kind af. Levendige, actieve en ook nerveuze kinderen zijn meer geneigd tot nagelbijten, stille kinderen gaan vaker over tot duimen.

> Als een kind in een belastende situatie op zijn duim begint te zuigen, moeten de ouders nagaan of er factoren zijn die het kind dwarszitten en die te vermijden zijn. Die moeten ze dan zo snel mogelijk terugdringen.

Vaak is het niet echt een diepliggende oorzaak, maar gewoon de nieuwe omgeving of nieuwe eisen waaraan het kind moet wennen. Als het kind er eenmaal aan gewend is, verdwijnen deze – terecht zo genoemde – 'surrogaatbevredigingen' meestal vanzelf.
Als het kind gebukt gaat onder eisen omdat het nog niet zo

lang kan stilzitten of omdat het de lesstof niet voldoende begrijpt, kunnen zulke gewoonten in de loop der jaren toch blijven bestaan en zelfs hardnekkiger worden.

> Hoe onschuldig het duimzuigen op zich ook is, het kan in extreme gevallen toch tot vervorming van de kaak en de voortanden leiden. Ook de duim kan door het zuigen worden vervormd.

Omdat het kind en zijn ouders er niet of slechts heel zelden onder lijden, is er gewoonlijk geen behoefte aan therapie. Het is na lange tijd ook heel moeilijk het kind van het duimen af te brengen. Drastische beperkende maatregelen zoals het vastbinden van de duim of het aantrekken van handschoenen kunnen de genoemde gevolgen helpen voorkomen, vooral bij kinderen die achter zijn in hun ontwikkeling of emotioneel zwaar gestoord zijn; ze vormen echter geen garantie dat het duimzuigen niet meer terugkeert.

Het overdreven gewetensvolle kind

Voorbeeld Andreas, een jongen van twaalf die zwaar stottert, komt regelmatig op mijn spreekuur. Aan het begin van groep acht is het stotteren zo erg geworden dat hij bij sommige vakken niets meer wist uit te brengen en daarom ook zijn vinger niet meer opstak als hij iets wist. Dat had tot gevolg dat hij steeds bedrukter werd en zich zorgen om zijn toekomst maakte.
Andreas is enig kind; hij woont alleen met zijn moeder. Hij kent zijn vader niet en er wordt ook niet over de man gepraat. Zijn moeder, een stille, zeer gewetensvolle vrouw, stottert eveneens. Ze is cutter bij een televisieomroep en heeft onregelmatige diensten. Ze zegt dat ze van haar werk houdt, er goed in is en vanwege haar nauwkeurigheid en betrouwbaarheid gewaardeerd wordt. Ze staat

op eigen benen en blijft daarom ook alleen met Andreas. Ze zou het ook te ingewikkeld vinden zich op een ander in te stellen. Ze vormt met haar zoon een zeer vertrouwde eenheid. Ze weet precies wat ze aan hem heeft. Vanwege het stotteren heeft ze het sinds haar kinderjaren niet gemakkelijk gehad. Nu heeft ze haar plaats gevonden en ze hoopt dat dit Andreas ook lukt. De relatie met haar zoon lijkt een zeer rationele basis te hebben. Tederheden werden, ook toen hij nog klein was, niet uitgewisseld. Alles draait om functioneren en presteren. Toch is de moeder dol op haar jongen en is ze erg bezorgd over hem. Andreas mag bijvoorbeeld niet alleen naar zijn oma (een uurtje met de trein, zonder overstappen), hoewel hij dat graag zou willen. 'Ik zou het mezelf nooit vergeven als hem iets overkwam.'
Andreas neemt alles heel serieus. Hij gaat nooit onvoorbereid naar school. Hij ergert zich dan ook des te meer als hij een slecht cijfer voor een vak krijgt 'omdat het er niet vlot uitkwam'. Vaak huilt hij op school als hij ondanks zijn goede voorbereidingen iets niet kan zeggen. 's Avonds ligt hij vaak lang wakker en piekert over van alles. Hij maakt zich er bijvoorbeeld zorgen over of hij na de basisschool naar het gymnasium zou kunnen gaan. De onderwijzeres raadt het hem wel aan. Zijn prestaties zijn goed, maar hij is bang. Een test van zijn intellectuele vaardigheden heeft uitgewezen dat hij een gemiddelde intelligentie heeft. Dat bevestigt mijn vermoeden dat zijn goede schoolprestaties aan zijn enorme ijver en een sterk plichtsgevoel te danken zijn. Ook als zijn moeder dienst heeft en hij alleen thuis is, maakt hij eerst gewetensvol al zijn huiswerk voordat hij iets anders doet. Hij wil zijn moeder ook niet teleurstellen. Als hij zijn huiswerk af heeft, gaat hij soms naar de tennisbaan of hij speelt tafeltennis met een vriend. Als hij daarover vertelt, is het erg belangrijk voor hem of hij heeft kunnen winnen, en zo niet, dan probeert hij dat te rechtvaardigen. Hij maakt zelfs bij het spelen een prestatiegerichte indruk. Hij kan niet uitgelaten zijn of spontaan iets ondernemen. Als zijn

moeder weg is en hij het huis verlaat, controleert hij een paar keer of in elk vertrek de ramen dicht zijn, of de kachel uit is en de deur van de koelkast dicht is. Vaak moet hij, nadat hij de deur op slot heeft gedaan en gevoeld heeft of de deur ook echt dicht zit, halverwege de trap omkeren om dat nogmaals te controleren. Daardoor komt hij soms te laat op afspraken, hoewel hij zeer punctueel is (op onze afspraken komt hij meestal vijftien tot twintig minuten te vroeg). Hij weet dat het zinloos is de kachel te controleren, want dat regelt zijn moeder voordat ze weggaat. Bovendien hebben zijn moeder en hij afgesproken dat hij van de kachel afblijft. Toch kan hij geen weerstand bieden aan de dwangmatige impuls om te kijken of de kachel goed staat.

Hij wil graag dat ik hem help om van de dwang tot 'overdreven controle', het gebrek aan zelfvertrouwen en de onzekerheid af te komen. Het is echter zijn grootste wens dat hij vlotter gaat praten, zodat hij gewoon kan zeggen wat hij weet.

Een gewetensvolle instelling, betrouwbaarheid, grondigheid zijn eigenschappen die een mens tot een gewaardeerde partner maken. De **opvoeding** is er dan ook op gericht deze gedragsvormen tot ontwikkeling te brengen. Sommige moeders steken er veel energie in om hun kinderen die eigenschappen in zekere mate bij te brengen. Ook op de basisschool is men daarop gericht, omdat door slordigheid, onnauwkeurigheid en oppervlakkigheid onnodige conflicten kunnen ontstaan.

Naast deze aangeleerde gedragspatronen hebben sommige mensen echter al van kinds af aan een **drang tot perfectie**, tot overdreven zorgvuldigheid, tot een overdreven gewetensvolle houding.

☐ Ze moeten alles tot in details vantevoren regelen, ze kunnen zich niet ontspannen zolang iets nog niet af is.
☐ Ze worden onrustig en kunnen zich niet meer concentreren als iets anders verloopt dan gepland.

☐ Ze vinden het moeilijk zich op een nieuwe situatie in te stellen.
☐ Ze zijn weinig flexibel, blijven in details steken en hebben daardoor geen oog voor wat in een situatie echt van belang is.

Deze **overdaad van op zich waardevolle eigenschappen** kan het leven erg moeilijk maken voor de betrokkene en zijn omgeving. Ook bij kinderen bestaat soms de dwangmatige neiging over iets te piekeren of iets meerdere malen te controleren. Zulke dwangmatige gedachten of impulsen kunnen zo sterk worden dat daar veel tijd en energie mee verloren gaat; want de betrokkenen zelf weten dat het geen enkel doel dient en dat het tot geen enkele conclusie leidt.

Andreas controleert de woning verscheidene malen, hoewel hij dat al gedaan heeft. Hij betwijfelt of hij wel echt aan alles heeft gedacht. Hij vraagt zich af: 'Ben ik echt zeker van mezelf?' Anderen hebben de drang om zich te wassen als ze bijvoorbeeld een deurklink hebben beetgepakt of iemand een hand hebben gegeven. Als ze dat proberen na te laten, als het wassen na een handdruk bijvoorbeeld niet mogelijk is of heel onbeleefd zou zijn. worden ze onrustig, onzeker, komen onder een grote spanning te staan die pas verdwijnt als ze aan hun impuls kunnen toegeven, ook als ze het onzinnige ervan inzien.

Bij kinderen komen pedanterie en een overdreven gewetensvolle houding net zo goed voor als bij volwassenen. Sterke dwangneigingen komen vaak in de puberteit voor het eerst op. Deze gedragsvormen beperken het kinderlijk ongedwongen leven en vullen de tijd met onzinnige gedachten of handelingen. De nauwgezette plichtsvervulling overheerst de vrijheid en maakt ongedwongen spelen onmogelijk. Daardoor blijft vaak maar weinig ruimte over voor gevoelens en relaties met anderen. Door hun voorzichtigheid, hun behoefte aan zekerheid, aan 'correct zijn' worden ze niet geaccepteerd door hun leeftijdgenoten.

Het kan bijzonder moeilijk zijn als een karaktertrek door een gelijkgestemde opvoeding wordt ondersteund. Een moeder die net zo overdreven nauwkeurig is, stimuleert en beloont meestal gedragsvormen die daarmee in overstemming zijn, in plaats van eens te zeggen: 'Zo is het wel goed. Het is heel netjes, wat je geschreven hebt. Je hoeft niet alles over te doen omdat je een streepje te veel hebt gezet. Ga nu maar spelen.' Zulke kinderen moeten heel sterk een gevoel van zekerheid van buitenaf krijgen.

Om zulke dwangmatige handelingen langzaam aan achterwege te laten moet men heel voorzichtig te werk gaan en kleine stappen tegelijk nemen. Want als deze dwangneigingen achterwege worden gelaten, ontstaan angsten en het kost veel energie die te verdragen.

> Als het kind vraagt of er echt niets gebeurt als het iets achterwege laat, bevestigt men dat en probeert het af te leiden.

Het kind moet telkens weer gewezen worden op de ervaring dat het achterwege laten van de bewuste handelingen geen negatieve gevolgen heeft. Als het telkens garanties wil hebben, moet men bondige, stereotiepe zinnen uitspreken, zoals: 'Je weet dat je je geen zorgen hoeft te maken', in plaats van telkens lange verklaringen af te leggen.

Als een kind door te huilen of in woede uit te barsten eist dat anderen zijn dwanghandelingen steunen, is het volgende van belang voor een succesvolle beïnvloeding. De vertrouwde contactpersonen zelf moeten rustig en kalm blijven om het kind een gevoel van zekerheid te geven. Als het het kind gelukt is een dwangmatige handeling na te laten, moet het beloond worden, bijvoorbeeld met een compliment, met liefdevolle aandacht of met symbolische cadeautjes die het kan sparen en inwisselen voor een afgesproken materiële of immateriële beloning.

Het is belangrijk dat ook het niet geplande, het spontane een plaats in het leven krijgt. Als een kind zich rituelen heeft eigengemaakt, bijvoorbeeld de inhoud van zijn schooltas een paar keer in- en uitpakken of tot duizend tellen om een gevreesde situatie uit te bannen, moet het leren de gedachte daaraan op het moment dat ze opkomt, de kop in te drukken. Voor dwangmatige gedachten en handelingen bestaat een reeks gedragstherapeutische methoden die ambulant of klinisch door een ervaren therapeut toegepast kunnen worden. Daarbij is altijd de medewerking van het gezin nodig, omdat gezinsomstandigheden het gedrag mogelijk hebben gemaakt en nog steeds laten voortbestaan. Soms vertonen belangrijke vertrouwde contactpersonen zelf dwangmatig gedrag; dan moeten ook zij behandeld worden, omdat anders niet te verwachten is dat een therapie bij het kind vruchten afwerpt. Over het geheel genomen is het moeilijk en vergt het veel geduld en doorzettingsvermogen om overdreven gewetensvolle kinderen, die misschien zelfs een dwangmatige aanleg hebben, zover te krijgen dat ze die gedragsvormen achterwege laten of althans terugdringen.

Het verlegen kind

Voorbeeld Anne, een bevallig meisje van negen, heeft net groep vier achter de rug. Nog steeds brengt haar moeder haar 's ochtends tot de ingang van de school, hoewel ze dicht bij school woont en de route niet ingewikkeld is. Anne heeft er elke ochtend problemen mee om naar school te gaan. Alles gaat heel langzaam, het ontbijt is een kwelling, soms klaagt ze over buikpijn of duizeligheid. Ze is niet bang voor de leerkrachten en evenmin voor de andere scholieren. Ze begrijpt de leerstof ook meestal wel. Ze voelt zich onrustig door de vele kinderen, het lawaai, allerlei eisen die aan haar gesteld worden. Ze zou veel liever thuisblijven en dan in haar eentje bezig zijn of haar moeder helpen, aan wie ze erg hangt.

Al op de peuterspeelzaal had Anne contactproblemen. Ze ging lawaai uit de weg en bleef meestal in de buurt van de peuterbegeleidster, op wie ze erg dol is. Als ze al op school praat, doet ze dat heel langzaam, ze houdt het hoofd omlaag en kijkt niemand aan, ook niet als ze wordt aangesproken. Ook in de pauze wordt ze niet spraakzamer. Uit zichzelf legt ze geen contact met anderen, ze staat op het schoolplein meestal aan de kant en zorgt ervoor dat ze niet met de grote meute weer naar binnen gaat. Toen ze in groep drie op weg naar huis een paar keer door enkele jongens geplaagd werd, kwam ze huilend thuis. Toen moest ze weer van school worden opgehaald, hoewel ze er trots op was geweest dat ze het in haar eentje kon.

In het begin deden enkele meisjes moeite om bevriend te raken met Anne, ze nodigden haar uit op verjaarspartijtjes, wilden haar ophalen om met haar te kunnen spelen. Maar zij sloeg de uitnodigingen meestal af, hoewel haar moeder erop aandrong dat ze ging. Soms vernam haar moeder slechts toevallig van de uitnodigingen. Intussen hebben de meisjes andere speelgenootjes gezocht. Ze laten Anne met rust. 's Middags onderneemt haar moeder vaak iets met haar of ze speelt thuis in haar eentje. Ze is dol op haar kat en is vaak uren met haar bezig. Ook schildert ze graag en speelt ze op een keyboard. Volgend jaar gaat ze op pianoles.

Haar moeder verkeert in tweestrijd. Aan de ene kant ziet ze overeenkomsten met haar eigen gedrag. Zij is ook beschermd opgegroeid en heeft ook nu nog problemen met ongewone situaties. Haar man, die haar zeer verwende, nam haar – net als voorheen haar moeder – alle verantwoordelijkheden in het dagelijks leven uit handen, omdat ze contacten vermeed en ook weinig ervaring en zelfverzekerdheid bezat in het oplossen van heel alledaagse problemen. Maar nu wordt hij steeds vaker kwaad als ze, hoewel ze tijd genoeg heeft, bezoeken aan instanties uit de weg gaat of zich verzet tegen sociale evenementen die hij waardeert en die ook belangrijk zijn

voor zijn carrière (dan krijgt ze vaak 'haar migraine'). Ze is vaak bang en onrustig als Anne de deur uitgaat. Het liefst heeft ze haar dochter bij zich in de buurt. Ze 'ruimt alle obstakels voor haar uit de weg', zodat Anne voor haar leeftijd nog erg onzelfstandig en soms ook hulpeloos is.
Maar nu wil de moeder toch dat Anne haar angst en haar verlegenheid overwint, zodat ze in de omgang met anderen zekerder en zelfbewuster wordt. Anne heeft constant last van remmingen en angsten. Zelfs volkomen normale 'neutrale situaties' ervaart ze als bedreigend. Ze vermijdt bijvoorbeeld alle contacten buiten het gezin, omdat ze bang is dat ze zich niet goed gedraagt, te kort schiet of voor schut komt te staan. Daardoor heeft ze echter ook geen succeservaringen.

Als een kind van jongsaf aan de omgang met andere kinderen en volwassenen uit de weg gaat, kan het ook geen ervaring opdoen. Het kan gemaakte fouten niet corrigeren en dus niet 'van haar fouten leren', en evenmin kan ze succesvolle strategieën door herhaling vervolmaken. Maar dat is wel de manier waarop elk mens **sociale vaardigheden** leert.
Het gaat hierbij om heel eenvoudige **leerprocessen**. Hoe zeg ik bijvoorbeeld tegen een kind dat ik graag met hem wil spelen? Op basis van het gedrag van dit 'gepeilde' kind, zijn gebaren en gezichtsuitdrukking, kan ik al op voorhand mijn kans op succes inschatten en me een zekere afwijzing besparen als ik al bepaalde signalen heb gekregen. (Bij dieren is het reageren op zulke signalen van levensbelang.) Naast benaderingsstrategieën zijn ook afwijzingsstrategieën een kunst die te leren is. We kunnen iets wat we niet willen, zodanig afwijzen dat de ander niet gekwetst is en we een volgende keer misschien een ander besluit kunnen nemen. Als een kind weet dat het in zulke situaties zelf moet beslissen en handelen en ervaringen op dat gebied heeft opgedaan, ontwikkelt het ook zelfvertrouwen en zelfverzekerdheid. Is het echter gewend dat anderen hem de beslissing uit handen nemen, dan kan het ook geen sociale vaardigheden opdoen en zelfbewustzijn ontwikkelen.

179

Er zijn vele **oorzaken** voor geremdheid, bedeesdheid of schuwheid. Om dit gedrag op een succesvolle manier te boven te kunnen komen is het echter belangrijk ze voor elk afzonderlijk geval te achterhalen. Bij Anne spelen waarschijnlijk twee factoren een rol. De ene is dat moeder en dochter qua temperament mogelijk een soortgelijke aanleg hebben, in dit geval de neiging meer naar binnen gericht te leven (introvertie). De andere is **dat het gedrag van de moeder wordt nagebootst** en dat Anne beseft dat haar gedrag door de belangrijkste vertrouwde contactpersoon, haar moeder, wordt geaccepteerd, ondersteund en misschien zelfs gewenst, dus in de betekenis van de leertheorie positief wordt versterkt.

Anne kan nog niet inzien dat ze, om te leren op eigen benen te staan, beter al vroeg en in zekere zin heel terloops de vaardigheid tot zelfstandig handelen kan opdoen. Ze dient dus eerst kleine en vervolgens steeds grotere opdrachten te krijgen, die haar stimuleren zelfstandig beslissingen te nemen en te handelen. Daarmee kan ze ook succeservaringen opdoen.

Bij kinderen als Anne kan zelfs een gedragsverandering optreden als de behoefte aan contact met en erkenning door leeftijdgenoten sterker wordt dan haar angsten en beperkingen. In ongunstige omstandigheden kan echter ook het tegendeel gebeuren.

> **Voorbeeld** In een ander geval, bij Floris, was de angst hoogstwaarschijnlijk tot een bepaalde gebeurtenis te herleiden. Toen hij een jaar of drie was, werd hij op een nacht wakker en bleek hij alleen thuis te zijn. De buurvrouw, die geregeld naar hem ging kijken, trof hem helemaal in tranen en trillend van angst en kou in de donkere woonkamer aan. Ze was lang met hem bezig voordat hij weer insliep. In de weken daarop probeerde hij het naar bed gaan te rekken en vroeg hij telkens of zijn ouders thuisbleven.
> Toen zijn ouders een paar weken later op een middag Floris weer voor een paar uur aan de buurvrouw moesten toevertrouwen, begon hij te gillen en wilde per se meegenomen worden. Terwijl hij vroeger opgewekt speel-

de als anderen voor hem zorgden, en zelfs bij de buren bleef slapen (wat hij toen heel erg leuk vond), was hij die keer niet kalm te krijgen. Zijn ouders konden hem echter onmogelijk meenemen en hij moest wel met de buurvrouw thuisblijven.
Na de schokkende ervaring dat hij 's nachts alleen thuis was, vormde het feit dat zijn ouders zomaar konden weggaan en hem konden achterlaten, een nieuwe psychische belasting. Hij constateerde dat zijn ouders, die hij volledig had vertrouwd, onbetrouwbaar waren; hij kon niet meer rekenen op hun geborgenheid en wist niet meer wat hij met een nieuwe situatie aan moest.

Als een dergelijk kind op een peuterspeelzaal of op de basisschool komt, kan de overgang van vertrouwde naar vreemde personen en plaatsen en de angst voor zulke situaties zich uiten in teruggetrokkenheid en sociale onzekerheid.
Nog een oorzaak van onzeker en angstig gedrag kan zijn dat de ouders geen duidelijke opvoedingsstijl tegenover hun kinderen hebben. De ene keer delen ze een zware straf uit voor een 'vergrijp' van het kind, de andere keer merken ze het niet eens op (inconsistent gedrag), of ze schreeuwen bij de minste aanleiding tegen het kind of slaan het zelfs, misschien alleen omdat ze hun eigen labiliteit en frustraties moeten afreageren. Voor zulke kinderen is het gedrag van hun ouders niet te voorspellen en ook niet te beïnvloeden. Deze onmacht, het feit overgeleverd te zijn, de onberekenbaarheid van de gevolgen van bepaalde gedragsvormen leiden tot een gevoel van hulpeloosheid. Een dergelijk kind komt niet meer in actie, omdat in het geheel geen voorspelbare reactie te verwachten is. 'Het heeft toch geen enkele zin.' Dat heeft helaas ook invloed op andere leerprocessen.

> Als een kind ervaart dat zijn gedrag niet de gewenste reactie oproept, maar een effect heeft dat niet te berekenen of te beïnvloeden is, verliest het zijn interesse en plezier in zijn eigen handelen. Het kind ziet geen samenhang meer tussen zijn gedrag en de gevolgen ervan.

Dat maakt natuurlijk ook een succesvolle therapie moeilijker. Maar ook **onvoorziene, als schok ervaren belevenissen,** bijvoorbeeld geregelde verhuizingen, scheiding van de ouders, geregelde wisseling van vertrouwde contactpersonen – bijvoorbeeld de peuterbegeleidster en de onderwijzers in de eerste jaren van de basisschool – maar ook frequente partnerwisseling van één van de ouders kunnen een kind erg onzeker maken.

Volgens schattingen van leerkrachten en pedagogen is meer dan twintig procent van de leerlingen verlegen en teruggetrokken te noemen. Daaronder bevinden zich ook kinderen met **fobieën** (ziekelijke angsten) voor bepaalde voorwerpen, situaties en toestanden, die hier niet aan de orde komen omdat ze altijd aan professionele therapeuten moeten worden overgelaten.

Hoe kunnen geremde, verlegen, overdreven bange kinderen geholpen worden? Vanwege hun gedrag hebben ze per slot van rekening niet alleen te weinig waardevolle contacten en dus te weinig mooie ervaringen, maar ook een gebrek aan sociale vaardigheden, dat later alleen met veel inspanning is op te heffen. Daarom is het in het belang van deze kinderen dat ze uit hun isolement worden gehaald – ook als ze dat zelf nog niet als noodzakelijk ervaren. Ze moeten de mogelijkheid krijgen op een speelse manier sociaal gedrag te leren. Alleen op die manier kunnen ze een gezond zelfbewustzijn ontwikkelen.

Om deze kinderen te helpen dienen ouders en leerkrachten hen in kleine, overzichtelijke stappen voor te bereiden op zelfstandig gedrag in vertrouwde en in nieuwe situaties. Dankzij succeservaringen, die het kind aan zichzelf kan toeschrijven, kan het in de omgang met zichzelf en anderen zelfverzekerder worden. Elke stap, ook al is die nog zo klein, moet met waardering worden versterkt en indien mogelijk meerdere keren worden herhaald. Daartoe moeten ouders vaak ook hun eigen angst overwinnen dat hun kind buitenshuis iets zou kunnen overkomen, een nederlaag zou moeten verwerken, een grote fout zou maken. Hun kind bemerkt deze angst en blijft daardoor ook onzeker. Het heeft behoefte aan sterke ouders, die het steunen en beschermen op de weg naar steeds grotere zelfstandigheid, die eventuele mislukkingen opvangen en zo nodig troost kunnen bieden. Daarom moeten ouders die zelf last hebben van verlegenheid, eerst aan zichzelf werken.

Het ligt bijzonder gecompliceerd bij kinderen die echt in het nadeel zijn, bijvoorbeeld door een misvorming of een lichamelijke aandoening, op het gebied van de zintuigen, in de behendigheid, de lichaamslengte, de spraak, de spierkracht, het gewicht, de belastbaarheid enzovoort. In principe geldt echter wat al eerder is gezegd.

> Ouders moeten hun kind stimuleren iets zelf te proberen in plaats van het kind alles uit handen te nemen. Ze moeten de sterke kanten van hun kind zoeken en zijn zelfvertrouwen vandaar uit vergroten.

Wat moet er dus gebeuren opdat een kind als Anne zelfverzekerder wordt in sociale situaties en daardoor ook gedifferentieerder kan handelen en reageren?
Om te beginnen moeten de ouders zich een doel stellen waarvoor ze zich inspanning moeten getroosten, maar dat toch lonend voor hen is. Eerst moet worden nagegaan of ze weet hoe ze zich gedraagt, dus of ze inzicht in haar eigen gedrag heeft. Dat moet in concrete situaties worden nagegaan (bij-

voorbeeld oogcontact, glimlachen, iemands stemming uit zijn gezichtsuitdrukking opmaken). Bij het oefenen van het gedrag komen alledaagse situaties aan de orde, bijvoorbeeld van een gemiddelde schooldag.

☐ Wat is er goed gegaan?
☐ Wat zou nog beter kunnen?
☐ Hoe is dat te bereiken?

Dat is samen met één of twee andere kinderen te proberen. Dan worden lastige situaties geoefend.

☐ 'Nee' zeggen.
☐ Een vertrek met een paar vreemde mensen binnenkomen.
☐ Iets zeggen tegen een groep mensen.
☐ Alleen een boodschap doen.
☐ Alleen ergens naartoe gaan, enzovoort.

Al deze doelen moeten stap voor stap bereikt worden. Een verlegen kind moet bijvoorbeeld niet gedwongen worden zonder voorbereiding in zijn eentje met het openbaar vervoer ergens heen te gaan. Als alle mogelijke risico's zijn nagegaan, moet men de reis – bijvoorbeeld een treinreis van een uur naar de grootouders – net zolang samen met het kind maken tot het tegen alle eventualiteiten is opgewassen en het zelf eens alleen wil proberen. Als zo'n doel enigszins naar wens is bereikt, dient het kind daarvoor beloond te worden. Het kind, dat op die manier steeds meer zelfvertrouwen krijgt, is trots op wat het in zijn eentje gedaan heeft, en zal steeds zelfbewuster worden.

Wat we zojuist hebben beschreven, moet natuurlijk gevarieerd worden naar de leeftijd en het inzicht van het kind. Als ouders er terecht aan twijfelen of hun lichamelijk of geestelijk gehandicapte kind wel in staat is adequaat te reageren op een onverwachte situatie, kunnen de risico's beter worden vermeden. De gevaren bij overbelasting van een kind zijn net zo groot als die bij onderbelasting. Overbelasting leidt tot nog meer angst en onzekerheid. Daarom dienen de stappen zo klein mogelijk te zijn en moeten dezelfde of soortgelijke situaties telkens worden herhaald. Deze oefeningen moeten de ouders echter niet zelf met hun kind doen, omdat tegenstand en spanningen onvermijdelijk zijn en de relatie tussen ouders en kind verstoord zou raken. Het is aan te raden een ervaren therapeut in te schakelen en hem te ondersteunen in zijn behandelingen.

Het kind als lid van de samenleving

Sinds vele jaren span ik me in om kinderen en ouders die met hun zorgen en problemen bij me komen, te helpen. Veel gedragsstoornissen zijn buitengewoon hinderlijk, sommige alleen voor het kind, andere alleen voor de ouders, weer andere misschien alleen voor een derde, bijvoorbeeld een leerkracht, maar er zijn ook stoornissen die voor alle betrokkenen hinderlijk zijn. Hoe sterk bepaalde gedragsvormen als storend, als 'abnormaal' worden ervaren, hangt ook af van de verwachtingen die aan iemand worden gesteld. Waaraan kunnen we dus gedrag afmeten?
Samenleven in een gemeenschap is alleen mogelijk als de leden van die gemeenschap zich aan bepaalde regels houden. Deze **normen** hebben hun oorsprong in tradities, maar ze staan ook onder invloed van de tijdgeest en kunnen per land en per cultuur sterk verschillen. Binnen zulke normen zijn er grote verschillen tussen afzonderlijke families, die gevormd zijn door indringende gebeurtenissen, door uiteenlopende politieke, religieuze en wetenschappelijke invloeden, door karaktereigenschappen enzovoort. Zulke maatschappelijke normen zijn ook tegenwoordig nog zeer streng in sommige culturele en godsdienstige milieus, hoewel in de meeste Europese landen de opvattingen over wat mag en wat passend is, zeer liberaal zijn geworden. Het individu heeft daar een naar verhouding grote speelruimte tot zijn beschikking. Dat kan – bijvoorbeeld in de beweging van de generatie van 1968 – tot extreme ontwikkelingen leiden.
Zo waren en zijn er groepen die het bestaan van maatschap-

pelijke normen aan de kaak stellen. Zij zijn van mening dat kinderen uit zichzelf het juiste doen, als ze zonder 'wezensvreemde aansturing' van hun ouders opgroeien. De beïnvloeding door volwassenen wordt als 'ondemocratisch' afgewezen. Omdat een kind van nature goed zou zijn en zelf zijn gedrag zou kunnen sturen, zou opvoeding onnodig en zelfs schadelijk zijn.

Nu weten we uit praktische ervaringen en uit systematische waarnemingen van kinderen dat maatschappelijk verantwoord gedrag niet vanzelf 'in het luchtledige' of op een afgelegen eiland tot ontwikkeling komt. Zoals bij alle hogere wezens moet efficiënt gedrag aangeleerd worden en wel door het navolgen van voorbeelden. Daarbij hebben herhaling en 'beloning' een positieve uitwerking op het leerproces. Dat gebeurt met als doel dat de kinderen later een plaats in de groep kunnen krijgen en behouden. Het is heel natuurlijk dat de weg daarnaar toe door de ouders wordt beschermd en bevorderd en dat ter ondersteuning daartoe opgeleide vakmensen – leerkrachten en pedagogen in de breedste zin – worden ingeschakeld. Op die manier kunnen de kinderen omwegen of zelfs dwaalwegen met blijvende schade worden bespaard.

> 'Opvoeding' in deze zin is juist in de steeds gecompliceerder wordende situaties van onze tijd een pure noodzaak, waaraan ouders zich niet moeten onttrekken. Het draait altijd om het 'hoe'.

Hoewel bij dieren het instinct nog veel sterker aanwezig is dan bij mensen, krijgen jonge dieren van hun ouders actieve gedragsvormen aangeleerd, die ze voor hun latere (over)leven nodig hebben. Jonge dieren die zonder moeder opgroeien, leren niet of onvoldoende zich effectief te gedragen en hebben er later moeite mee om door hun soortgenoten geaccepteerd te worden. Als een dier de normen van zijn groep geregeld schendt, wordt het aangevallen, misschien zelfs verdreven, waardoor zijn leven in gevaar kan komen.

Ook de mens moet het gedrag dat nodig is om harmonisch in een groep te kunnen leven, aanleren in een proces dat soms pijnlijk is. Vaak doen zich situaties voor waarin het kind belandt omdat het opeens iets verlangt, nog kinderlijk spontaan is of zich bepaalde gevaren nog niet bewust is. Moet men het laten begaan? Moet het zelf leren dat auto's sterker zijn? Het staat buiten kijf dat ouders hun kind moeten beschermen bij de uitvoering van zijn bedoelingen en het zo voor schade moeten behoeden. Op die manier worden er grenzen gesteld, die het kleine kind als frustratie beleeft. Afhankelijk van zijn temperament begint het te huilen of trekt het zich mokkend in een hoekje terug, als het nog geen idee heeft van regels of van de schadelijke gevolgen van zijn handelen. Een klein kind heeft nog geen besef van tijd, het wil zijn wensen onmiddellijk bevredigd zien. Maar net zo snel wil het weer iets anders.

Als ouders hun kind alles toestaan wat het wil, leert het: elke wens die ik uit wordt vervuld. Zodoende kan het niet leren wat voorpret is, wat verlangen is, en evenmin kan het leren dat een doel dat met inspanning is bereikt, waardevoller is en een mens ook gelukkiger kan maken. In plaats daarvan ontwikkelt het zich tot een zelfzuchtig, onhandelbaar, niemand ontziend mens. Dat willen de ouders natuurlijk niet. Ze hebben misschien alleen maar ooit gelezen dat kinderen psychische stoornissen kunnen krijgen als ze gefrustreerd worden. Het tegendeel is echter het geval. Het samenleven verloopt eenvoudiger als een kind weet waar het aan toe is. De ouders moeten het een kader bieden en op die manier zekerheid geven. Geleidelijk verinnerlijkt het die gedragsregels en leert het ook zonder dat anderen zich ermee bemoeien. Als het bijvoorbeeld de muur op zijn kamer besmeurt, met opzet een stuk speelgoed kapot maakt of met lucifers speelt, krijgt het een slecht geweten, dat als een innerlijke noodrem werkt. Maar ook het instituut geweten geldt bij sommige mensen als ouderwets. Als het huis echter in brand staat, is het te laat over nalatigheid te klagen.

Oefenen ouders **macht** uit als ze hun kind regels bijbrengen voor het samenleven met andere mensen? Ja, ze zijn machtiger dan het kind, ze hebben meer ervaring, ze zijn in staat het kind te beschermen, te voeden, te troosten enzovoort. Maar ze oefenen deze macht uit omdat ze van het kind houden en het voor schade willen behoeden. Voor een kind is het een ramp als ouders dit natuurlijke verschil willen opheffen. Zulke kinderen worden niet vrij en gelukkig, maar onzeker of agressief. Ze zoeken aansluiting bij een andere 'macht', die hun – misschien zelfs veel strengere – regels voorschrijft.

Als een kind de **geborgenheid** van een stabiel ouderlijk huis moet missen, kan het geen zelfvertrouwen ontwikkelen en zal het zich in de groep veel slechter handhaven. Op die manier kan er een basis zijn gelegd voor latere moeilijkheden in de omgang met mensen, of dat nu partners zijn, vrienden, collega's of ten slotte de eigen kinderen.

In dit verband wil ik het begrip **autoriteit** bespreken, zonder dat ik als arts er een pedagogische definitie van wil geven. Als iemand bevoegdheid voor iets krijgt, kent men hem vaardigheid op dat gebied toe. Dat wekt tevens de verwachting dat hij verantwoordelijkheid neemt voor wat hem is opgedragen. Deze verantwoordelijkheid is vaak gekoppeld aan de institutionele autoriteit. De directeur van een kliniek heeft bevoegdheden tegenover zijn medewerkers, maar hij draagt ook verantwoordelijkheid voor wat ze binnen zijn competentiegebied doen. Als hij beroepsmatig superieur aan hen is en in twijfelgevallen de juiste beslissingen neemt, hebben de medewerkers een vanzelfsprekend respect voor hem. Voor de jongeren is hij een voorbeeld dat de moeite van het navolgen waard is.

Natuurlijk zijn er ook incompetente zwetsers, zwakkelingen, onbekwame chefs, die van hun afdeling een chaos maken. Als ze hun machtspositie gebruiken om elke kritiek op hun beslissingen af te straffen en hun mening – ook als die duidelijk verkeerd of onrechtvaardig is – door te drukken, gedragen ze zich **autoritair**. Daarmee bedoelen we hard, onverdraagzaam, dictatoriaal optreden. De autoriteit die op prestatie en respect is gebaseerd, staat daar helemaal los van, maar wordt

helaas vaak – zonder opzet of met demagogische bedoelingen – daarmee gelijkgesteld en op die manier afgewezen. Een belangrijke factor voor de ontwikkeling en het samenleven van mensen wordt op die manier verloochend of zelfs verketterd.
In de omgeving van het kind, in het gezin, op school, in de groep leeftijdgenoten, speelt autoriteit (Latijn: waardigheid, aanzien) een niet te onderschatten rol. Een kind accepteert het overwicht van een mens die hem ondersteuning en geborgenheid biedt, die hem imponeert met zijn kennis en die in crises of conflictsituaties de juiste beslissingen lijkt te nemen. Het heeft vertrouwen in hem, het volgt hem na en maakt zich diens manier van denken, handelen en voelen in verregaande mate eigen. Dat is natuurlijke autoriteit, die zonder enige druk ontstaat, omdat ze het resultaat is van menselijke kwaliteiten.
In de loop van zijn jeugd ontwikkelt een mens een eigen waardensysteem. Het kind reageert weliswaar op de vele indrukken die het krijgt, maar het filtert steeds meer datgene uit wat in zijn eigen ontwikkelingsfase van pas komt. Het wordt steeds meer een zelfstandige persoonlijkheid. De bindingen met de volwassen contactpersonen worden losser en gevarieerder, de actieradius wordt groter.
Als de ouders op sommige vragen geen antwoord meer weten, zoeken de jongeren raad en hulp bij een 'deskundige', een leraar, een vriend of een expert. Leeftijdgenoten worden steeds belangrijker.

> Ouders moeten proberen dit voor hen pijnlijke proces te accepteren. Hoe minder ze zich een concurrent van andere mensen voelen en aan jaloezie toegeven, des te groter is de kans dat de jongeren hun ouderlijk huis waarderen en plezierig vinden. Ook als ze zich erg zelfbewust en superieur gedragen, hebben ze behoefte aan mensen die ze kunnen vertrouwen en van wie ze weten dat ze op hen kunnen rekenen.

Het komt vaak tot ruzie tussen jongeren en hun ouders omdat de ouders niet kunnen accepteren dat hun kind zich ondanks zijn economische afhankelijkheid (dat is precies het probleem) tot een zelfstandige persoonlijkheid heeft ontwikkeld. Ik zou de Engelse schrijver Aldous Huxley willen citeren, die schrijft: 'Als kinderen te veel vrijheid en verantwoordelijkheid krijgen, komen ze onder een druk te staan die velen van hen niet kunnen verdragen. Afgezien van uitzonderlijke gevallen vinden kinderen het prettig in geborgenheid te leven, de zekerheid te voelen die een vast kader van morele wetten en zelfs regels voor beleefd gedrag geven. Binnen zo'n kader blijft altijd nog genoeg ruimte over voor de opvoeding tot zelfstandigheid, verantwoordelijkheid en samenwerking.'

De omgang met opgroeiende kinderen ondergaat een ingrijpende verandering, die in het kader van maatschappelijke wijzigingen niet meer terug te draaien is. De invloed van de opvoeding door de ouders zelf neemt af, die van de media en de leeftijdgenoten neemt toe. Een kind is niet meer het product van het gezin zoals het dat in de verzuilde samenleving was. Het duurt weliswaar langer dan voorheen voordat een jong mens zelfstandig is, maar de samenleving heeft de verantwoordelijkheid goeddeels overgenomen, vooral omdat de meeste gezinnen daar niet toe in staat waren. Des te belangrijker is het tegenwicht te bieden aan de veelsoortige invloeden, die vaak niet te overzien zijn. Omdat deze algemene invloeden zeer krachtig zijn, moeten de ouders zich niet al te snel schuldig voelen als hun kind zich niet volgens de verwachtingen ontwikkelt of zelfs een moeilijk mens wordt.

Gerlinde Ortner

BLIJ ZIJN MET JEZELF

Afscheid van bescheidenheid, leve het gezonde egoïsme – met jezelf en anderen tevreden zijn

Zelfkennis en een positief gevoel van eigenwaarde zijn de belangrijkste voorwaarden voor geluk, tevredenheid en succes. Zelfverzekerde mensen hebben het makkelijker. Ze zijn beter in staat om conflicten te overwinnen en om goed met andere mensen om te gaan.

Jezelf zijn: je eigen unieke persoonlijkheid manifesteren. Er voor uit durven te komen dat ook jij wensen en verlangens hebt.

Het is jouw leven: natuurlijk mag je openstaan voor de wensen van anderen, maar laat je leven niet bepalen door de mensen om je heen. Je bent de baas over jezelf en maakt je eigen keuzes.

Gerlinde Ortner wijst je concrete wegen naar een positief gevoel over jezelf en een zelfverzekerde houding. Zo'n 'gezond egoïsme' helpt ook de juiste partner te vinden of een reeds bestaande relatie te verstevigen.

Paperback   ISBN 90 6057 517 2

Verkrijgbaar bij de boekhandel

**Een uitgave van Omega Boek, Diemen /Amsterdam
Telefoon 020-6905997**

Vera Peiffer

HANDBOEK VOOR POSITIEF DENKEN EN LEVEN

De directe weg naar kracht, geluk, gezondheid en succes

Als u uw leven in positieve zin wilt veranderen, heeft u aan theoretische kennis alleen niet genoeg. Dan zult u deze kennis in praktijk moeten brengen.

Zelf verantwoordelijkheid nemen voor uw doen en laten is de weg om u te ontwikkelen tot een geslaagde man of vrouw.

Succes, gezondheid, geluk en levensvervulling zijn niet afhankelijk van anderen; u bepaalt ze zelf!

Positief denken betekent dat u in positieve zin gebruik maakt van de suggesties van uw onderbewustzijn.

Vul uw onderbewustzijn met het woord *succes* en *u zult succesvol zijn*. U bent wat u denkt.

Er bestaan praktisch geen grenzen aan wat u kunt bereiken, als u zich er eenmaal met hart en ziel voor inzet.

> Deze vlot geschreven handleiding zal u helpen de theorie succesvol in praktijk te brengen.

Paperback ISBN 90 6057 795 7

Verkrijgbaar bij de boekhandel
**Een uitgave van Omega Boek, Diemen / Amsterdam
Telefoon 020-6905997**